VORWORT

Liebe Leserin, lieber Leser,

Sie fühlen sich nicht wohl mit Ihrer Ernährungsweise und haben das Gefühl, Sie müssten etwas ändern? Oder Sie haben eine Basenkur gemacht, sind fit und stehen nun vor der Frage, wie es weitergehen soll? Wenn Sie Ihre alten Essgewohnheiten wieder aufnehmen, werden Sie vermutlich wieder zunehmen, lethargisch und müde werden. Das möchten Sie verhindern. Was also tun? Mit diesem Buch halten Sie den passenden Ratgeber in der Hand, der Ihnen erklärt, wie Sie Ihren gesunden Lebensweg ohne Verzicht fortsetzen können.

Ich habe in meinem Leben so gut wie jede Diät ausprobiert, nur um anschließend genauso viele Kilos und mehr zuzunehmen und müde, kraftlos und manchmal auch aggressiv durch das Leben zu gehen. Irgendwann stieß ich auf das Thema Säure-Basen-Balance, das sich für mich von Anfang an sinnvoll anfühlte. Mit dieser Ernährung – keine Diät – sollte nicht nur das Gewicht runtergehen, sondern es sollten auch noch diverse Krankheitssymptome verschwinden. So beschloss ich, noch einmal alle Energie aufzubringen und mich in das Thema einzuarbeiten.

Am Anfang war das alles andere als einfach, da es im Netz gefühlt hundert Lebensmittellisten gab und irgendwie jeder „Basenpapst“ etwas anderes erzählte. Doch das Prinzip war im Grunde klar: Reinige deinen Körper erst einmal, befreie ihn von Schlacken und Säuren und baue ihn dann in Ruhe wieder auf, sodass die Mineralspeicher wieder gefüllt sind und der Körper wieder durchatmen kann. Und so begann ich mich über Lebensmittel zu informieren und mein eigenes System zu entwickeln.

Mittlerweile lebe ich als basenüberschüssige Veganerin und habe eine Menge Energie. Meine Blutwerte stimmen, ich schlafe schnell ein und durch, mein Verdauungsapparat funktioniert prächtig, ständiges Aufstoßen und mein Reflux sind verschwunden und ich habe gute Laune.

Heute bin ich Inhaberin von „Energy & Health" und unterstütze Menschen dabei, sich basisch und vegan zu ernähren. Mein Blog enthält über 300 basische, basenüberschüssige und vegane Gerichte, ich gebe vegane Kochkurse in vier verschiedenen Kochschulen und leite Basenfastengruppen online an. Ich lasse mich als veganen „Rent a cook" buchen und helfe Menschen bei der Umstellung auf ein veganes und basisches Leben. Als „Green Queen" beliefere ich seit einigen Monaten private Haushalte und Geschäftsinhaber in Pfungstadt und Darmstadt mit einem veganen Mittagstisch.

Mein Mann Stefan unterstütze mich nicht nur auf der technischen Seite, sondern auch auf der mentalen Ebene, denn ich gab meinen sicheren Job bei einer großen Firma auf, um mir meinen Traum zu erfüllen.

Aber nun genug von mir, in diesem Buch geht es um Sie! Ich lade Sie ein, die basenüberschüssige Dauerernährung auszuprobieren! Sie werden sehen, dass das basenüberschüssige Leben ein leckeres ist und Sie gar nicht genug davon bekommen werden. In diesem Sinne, bleiben Sie gesund und genießen Sie das Leben!

Ihre

SÄURE-BASEN-BALANCE – DAS SOLLTEN SIE WISSEN

In diesem Kapitel erfahren Sie, wie unser Stoffwechsel funktioniert, warum eine säureüberschüssige Ernährung den Körper belastet und wie wir für ein gesundes Säure-Basen-Gleichgewicht sorgen. Denn um sich entspannt basenüberschüssig zu ernähren, ist es hilfreich zu wissen, was unser Körper mit den Nahrungsmitteln anstellt, die wir ihm zuführen.

Grundlagen der basischen Ernährung

Unser Körper ist bestrebt, alle Stoffwechselreaktionen in Balance zu halten, und dies trotz sich ständig ändernder Bedingungen. Zum Beispiel steigt der Blutdruck bei Belastung an, um dann vom Organismus wieder in den Normalbereich gebracht zu werden, oder nach dem Essen wird Insulin ausgeschüttet, um den Blutzuckerspiegel zu regulieren.

Der pH-Wert und unsere Gesundheit

Die Abkürzung „pH" steht für *potentio hydrogenii* –„die Kraft des Wasserstoffs".

All diese wichtigen Stoffwechselprozesse sind abhängig von einem optimalen pH-Wert. Er ist der Messwert dafür, wie basisch oder sauer eine wässrige Lösung in unserem Körper ist. Blut beispielsweise liegt mit einem pH-Wert von 7,35 bis 7,45 im basischen, der Magensaft mit einem pH-Wert von etwa 1,5 im sauren Bereich. Da der menschliche Körper zu 70 Prozent aus Wasser besteht und sämtliche Stoffwechselreaktionen in einer wässrigen Umgebung ablaufen, kann man den pH-Wert dieser Flüssigkeiten, wie Blut, Speichel und Urin, messen. Und je nachdem, welche Funktionen die Flüssigkeiten im Körper haben, kann dieser unterschiedlich hoch sein.

Ein optimaler pH-Wert ist lebenswichtig

Abweichungen im pH-Wert haben Störungen im Stoffwechsel zur Folge und wirken sich äußerst negativ auf unsere Gesundheit aus. Um ihnen entgegenzuwirken, ist unser Körper mit einem Puffersystem ausgestattet und kann so den Säure-Basen-Haushalt regulieren. Puffer, zum Beispiel in Blut und Harn, fangen Entgleisungen der pH-Werte in den Körperflüssigkeiten und in den Zellen ab, vor allem zur Stabilisierung des pH-Werts im Blut. Meist handelt es sich dabei um Eiweiße, die überschüssige Wasserstoffionen binden oder ins Blut abgeben können. Kommt es zu einer Überlastung der Puffersysteme, gerät das Säure-Basen-Gleichgewicht in eine Schieflage. Der Ausgleich des pH-Wertes findet nicht mehr statt.

Schon leichte Schwankungen des pH-Wertes stören beispielsweise den Transport von Nährstoffen und von Sauerstoff, den Kreislauf, unsere Verdauung und das Immunsystem. Die Reizleitung von Nervenzellen wird heruntergesetzt und der Hormonhaushalt kommt durcheinander. Ein ausgewogener Säure-Basen-Haushalt ist somit lebensnotwendig.

Der Organismus ist bestrebt, den Säure-Basen-Haushalt im Gleichgewicht zu halten.

Azidose hat nichts mit einer Übersäuerung des Körpers zu tun
Vielleicht haben Sie im Zusammenhang mit dem Thema Übersäuerung auch schon einmal das Wort „Azidose" gehört. Diese hat nichts mit einer Übersäuerung des Organismus zu tun, um die es in diesem Buch geht, sondern ausschließlich mit einer lebensgefährlichen Übersäuerung des Blutes. Bei einer Azidose muss medizinisch schnell und sofort gehandelt werden!

Jeder Körperbereich braucht einen anderen pH-Wert

Jeder Bereich im menschlichen Körper braucht also einen bestimmten pH-Wert. Dieser gibt auf einer Skala von 0 bis 14 an, wie sauer oder basisch eine wässrige Lösung ist. Wässrige Lösungen zwischen 0 und 6,5 gelten als sauer, Werte zwischen 7,5 und 14 bedeuten, sie sind basisch/alkalisch. Der Mittelwert 7 gilt als neutral.

In unserem Körper finden wir, wie Sie schon gelesen haben, sowohl saure als auch basische Bereiche. Unser Blut, die Lymphe, die Gehirnflüssigkeit, das Fruchtwasser, das Pankreassekret, die Gallenflüssigkeit, das Bindegewebe sowie der Zwölffinger- und der Dünndarm sollten immer im basischen Bereich liegen. Im Dickdarm, dem Magen und auch in der Scheide sollte immer ein saures Milieu herrschen.

Zum Beispiel ist es die Aufgabe der Magensäure, die einen pH-Wert von etwa 1,5 hat, die Nahrung zu zersetzen und schädliche Mikroorganismen abzutöten. Anschließend hilft die Bauchspeicheldrüse mit der Zugabe vom Pankreassekret und die Gallenblase mit der Zugabe von Gallenflüssigkeit (beide sind mit pH-Wert von ungefähr 8 basisch), die saure Speisebreilösung so zu „neutralisieren", dass sie nicht den Zwölffinger- sowie den Dünndarm verätzt und dass die Nährstoffe über die Darmwand in den Organismus gelangen können. Der Dickdarm hingegen befindet sich mit einem pH-Wert von 5,5 wieder im sauren Bereich. Damit kann er andere Nahrungsbestandteile zerlegen.

Ebenso neutralisiert der Säureschutzmantel der Haut zum Beispiel das Wachstum von Krankheitserregern und fungiert als wichtiger Schutz vor äußeren Einflüssen. Gerät der pH-Wert der Haut aus dem Gleichgewicht, zum Beispiel durch die Verwendung alkalischer Seifen, ist sie in der Lage, ihn innerhalb kurzer Zeit wieder auszugleichen.

Übersäuerung des Organismus und ihre Folgen

Bei einer anhaltenden Übersäuerung gerät unser gesamter Organismus aus dem Gleichgewicht, was sich über kurz oder lang in verschiedenen unangenehmen Symptomen wie Müdigkeit, Kopfschmerzen, Allergien und Gewichtszunahme äußert.

Wir essen häufig zu sauer

Um zu verstehen, wie es dazu kommen kann, schauen wir uns den Stoffwechsel einmal genauer an. Darunter versteht man den Transport und die chemische Umwandlung von Stoffen in einem Organismus. Ein aktiver Stoffwechsel ist die Grundlage für sämtliche lebenswichtigen Vorgänge im menschlichen Körper, genauer gesagt für alle biochemischen Vorgänge innerhalb einer Zelle. Die zugefügten Nährstoffe, Vitamine und Mineralien werden in den Zellen abgebaut, umgebaut und in neue Produkte verwandelt. Abfallprodukte des Stoffwechsels, die beim Umbau von Nahrungsmitteln und Medikamenten, aber auch bei der Atmung entstehen, werden über den Schweiß, Stuhl, Urin und die Atmung abgegeben.

Zu den Abfallprodukten des Stoffwechsels gehören unter anderem Säuren. Diese sollten im Körper mehrheitlich erst einmal neutralisiert werden, da sie sonst den Verdauungsapparat angreifen würden. Dazu werden basische körpereigene Substanzen benötigt, wie zum Beispiel Kalzium, Natrium und Magnesium.

Zu den Abfallprodukten des Stoffwechsels gehören unter anderem Säuren.

Da wir aber immer mehr Nahrungsmittel zu uns nehmen, bei deren Verstoffwechselung Säure entsteht (mehr dazu ab Seite 12), ist es durchaus möglich, dass es bei der Neutralisation der Säure zu Mangelerscheinungen an Kalzium, Natrium oder Magnesium kommt. Denn deren Speicher sind endlich – und sind sie einmal geleert, greift der Körper auf seine Reserven zurück: Er holt sich diese Mineralien aus den Knochen, den Zähnen und den Organen. Im Laufe der Zeit können daraus Osteoporose sowie brüchige Haare und Nägel, Karies und Haarausfall resultieren.

Säureüberschüsse lagern sich im Körper ab

Es wäre für den Körper im höchsten Maße gefährlich, die Vorratslager komplett zu plündern. Also greift er zu einem Trick, um die Säureüberschüsse erst einmal in den Griff zu bekommen: Er wandelt sie in sogenannte Schlacken um, die er an verschiedenen Stellen parkt. Für den jungen Körper ist das unproblematisch, denn er ist agil. Im Laufe eines langen Lebens lagern sich jedoch immer mehr Schlacken im Körper ab und verursachen irgendwann die ersten Zipperlein – Bewegungsmangel, ungesundes Essen und Stress steuern ihren Teil dazu bei. Schlacken werden abgelagert:

Werden zu viele Säureüberschüsse in Form von Schlacken im Körper geparkt, hat dies Folgen für die Gesundheit.

- in den Blutgefäßen – dort verursachen sie Arteriosklerose und Bluthochdruck,
- im Bindegewebe – dort verursachen sie Gewichtszunahme und Cellulite,

- in den Gelenken – dort verursachen sie Gicht, Arthritis und Rheuma,
- in den Nieren und der Galle – dort verursachen sie Steine.

Häufige Folgen von zu vielen Schlacken im Körper sind auch Energielosigkeit, Müdigkeit, Neurodermitis, Haarausfall, Kopfschmerzen, Diabetes oder Depressionen. Wenn basische Bereiche im Körper übersäuert sind, können sich unerwünschte Bakterien vermehren. Ein geschwächtes Immunsystem, grippale Infekte, Hautausschläge, Allergien, Blähungen oder Scheidenpilze sind dann keine Seltenheit.

Einteilung der Lebensmittel nach sauer und basisch

Die basische und basenüberschüssige Ernährung erhält das natürliche Gleichgewicht zwischen Säuren und Basen in unserem Körper, denn sie versorgt ihn mit allen wichtigen Mineralien und lebenswichtigen Stoffen und verhindert so, dass er auf seine Reserven zurückgreifen muss. Schauen wir uns nun an, welche Lebensmittel dafür sorgen, dass wir nicht übersäuern. Dabei geht es nicht darum, ob etwas zum Beispiel sauer schmeckt. Entscheidend ist, ob ein Lebensmittel bei der Verstoffwechselung mehr Säuren oder mehr Basen bildet. Oder ob es neutral ist. Demzufolge gibt es drei Kategorien:

- basenbildende Lebensmittel
- säurebildende Lebensmittel – unterteilt in gute Säurebildner und schlechte Säurebildner
- neutrale Lebensmittel

Im Grunde ist es ganz einfach: Wenn wir genügend basenbildende Lebensmittel zu uns nehmen, verhindern wir, dass unser Körper übersäuert.

Basenbildende Lebensmittel

Diese Lebensmittel (siehe unten, grüne Lebensmittelliste) enthalten keine tierischen Inhaltsstoffe, sie sind reich an Mineralstoffen, natürlichen Antioxidantien, sekundären Pflanzenstoffen und Vitaminen. Sie helfen der Darmflora und stressen sie nicht durch psychotrope Substanzen. Sie sind nicht stark verarbeitet, enthalten keine Zellgifte wie Alkohole und sind frei von industriell hergestelltem Zucker.

Säurebildende Lebensmittel

Diese Lebensmittel enthalten generell variable Mengen von Phosphor, Schwefel, Jod, Chlor und Fluor, sie haben wenig oder schlimmstenfalls gar keine Vitamine, Antioxidantien, Chlorophyll und sekundären Pflanzenstoffe. In ihnen befinden sich oftmals chemische und psychotrope Substanzen und große Mengen an raffiniertem Zucker.

Doch nicht jedes säurebildende Lebensmittel ist gleich auch ein schlechtes Nahrungsmittel. Wir unterscheiden in gute und schlechte Säurebildner.

Gute Säurebildner (siehe unten, gelbe Lebensmittelliste) bilden wenig Säure und enthalten eine Fülle von Vitalstoffen. Sie belasten den Stoffwechsel nicht so sehr wie schlechte Säurebildner. Wenn wir sie zu uns nehmen, dann auf jeden Fall in der Vollkornvariante, da die Vitalstoffe meist in der Hülle des Lebensmittels sitzen.

Schlechte Säurebildner (siehe unten, rote Lebensmittelliste) hingegen bilden eine hohe Menge an Säuren, was eine positive Wirkung anderer enthaltenden Substanzen überdeckt. Durch die starke Säurebildung entziehen sie dem Körper zudem basische Mineralien. Die negative Auswirkung auf den Körper ist somit höher als die positive.

Neutrale Lebensmittel

Bei den neutralen Lebensmitteln (siehe unten, blaue Lebensmittelliste) handelt es sich in erster Linie um Öle und Fette. Sie sind weder Säure- noch Basenbildner und sollten täglich in den Speiseplan eingebunden werden. Butter, Ghee oder Sahne sind ebenfalls neutral, spielen in meiner veganen Küche jedoch keine Rolle.

Säure-Basen-Lebensmittelliste

nach Stefanie Arlt, Stand 2022

Basenbildende Lebensmittel

OBST Auch als Trockenvariante ohne Zusatz von Zucker Auch tiefgefroren, aber nicht aus Dose/Glas
Ananas
Äpfel
Aprikosen
Bananen
Birnen
Clementinen und Mandarinen
Datteln
Erdbeeren
Feigen
Grapefruits und Pampelmusen
Heidelbeeren
Himbeeren
Honigmelonen
Jackfruit
Johannisbeeren, schwarz, rot, weiß
Kirschen
Kiwis
Limetten
Mangos
Mirabellen
Nektarinen
Orangen
Papayas
Pfirsiche
Physalis
Preiselbeeren
Quitten
Reineclauden
Rosinen
Stachelbeeren
Sternfrüchte (Karambole)
Wassermelonen
Weintrauben, weiß, rot, blau
Zitronen
Zwetschgen und Pflaumen

GEMÜSE Auch tiefgefroren – aber nicht aus der Dose/Glas
Algen
Artischocken
Auberginen
Avocados
Blumenkohl
Brokkoli
Chicorée
Chilischoten
Chinakohl
Edamame, frisch
Erbsen, frisch

- Fenchel
- Frühlingszwiebeln
- Grünkohl
- Gurken
- Karotten
- Kartoffeln, auch Kartoffelmehl
- Keimlinge
- Knoblauch
- Kohl, alle Arten
- Kohlrabi
- Kürbis
- Lauch
- Lupinen, frisch, als Flocken etc.
- Mangold
- Maniok
- Okras
- Oliven, grün, schwarz
- Paprika
- Pastinaken
- Petersilienwurzeln
- Pilze, alle Arten
- Radieschen
- Rettich
- Romanesco
- Rosenkohl
- Rote Bete
- Rotkohl
- Rucola
- Salat, alle Arten
- Schalotten
- Schwarzwurzeln
- Sellerie, Knolle und Staude
- Spargel, grün, weiß
- Spinat
- Sprossen und Keime, alle Arten
- Stangenbohnen, grün, gelb
- Süßkartoffeln
- Tomaten
- Weißkohl
- Wirsing
- Zucchini
- Zwiebeln

KRÄUTER, GEWÜRZE UND NÜSSE

- Basilikum
- Bohnenkraut
- Borretsch
- Brennnessel
- Brunnenkresse
- Dill
- Erdmandeln
- Fenchelsamen
- Ingwer

Kapern
Kardamom
Kerbel
Koriander, Blätter und Samen
Kresse
Kreuzkümmel (Cumin)
Kümmel
Kurkuma
Liebstöckel
Löwenzahn
Majoran
Mandeln (Mandelmus)
Maronen, auch Mehl (Esskastanien)
Meerrettich
Melisse
Muskatnuss
Nelken
Oregano
Petersilie
Pfeffer, alle Arten
Pfefferminze
Piment
Rosmarin
Safran
Salbei
Sauerampfer
Schnittlauch
Schwarzkümmel
Sellerieblätter
Thymian
Vanillestangen
Wildkräuter
Ysop
Zimt
Zitronenmelisse
DIVERSE LEBENSMITTEL
Apfelessig, naturtrüb
Carob
Dicksaft, selbst gemacht und nicht erhitzt, z. B. Dattelsüße
Eis, selbst gemacht ohne Zuckerzusatz
Fruchteis, selbst gemacht ohne Zuckerzusatz
Hefe, frisch, getrocknet, Flocken
Kakaopulver in Rohkostqualität
Kokosblütenzucker in kleinen Mengen
Konjak-Nudeln
Lupineneiweiß
Muskatnuss
Natron
Sauerkraut, frisch
Senf, bio, ohne Zusatzstoffe
Steviapulver

GETRÄNKE
Apfelessigwasser
Früchtetees
Gemüsesäfte, frisch gepresst, ungesüßt
Gewürztees, ungesüßt
Kräutertees
Obstsäfte, frisch gepresst, ungesüßt
Smoothies, Frucht oder Gemüse, selbst gemacht
(Quell-)Wasser
Zitronenwasser

Gute Säurebildner

VOLLKORNGETREIDE UND HÜLSENFRÜCHTE
Amaranth
Bio-Vollkorngetreide wie Dinkel, Kamut, Gerste, Emmer, Teff, Einkorn, in kleinen Mengen, am besten gekeimt
Buchweizen
Dinkel-Bulgur und -Couscous
Hafer und Haferflocken, bio, glutenfrei
Hirse
Hülsenfrüchte, alle Arten, getrocknet, Mehl
Mais
Miso, bio
Pasta aus Mais und Hülsenfrüchten
Polenta
Protein aus Hanf, Erbsen und Reis
Quinoa
Tempeh, bio
Tofu, bio
Vollkornreis, braun
Wildreis
GETRÄNKE
Grüner Tee, kurze Ziehdauer
Kakaopulver ohne Zuckerzusatz
Lupinenkaffee
Matcha
Milchalternativen wie Reisdrink, Haferdrink, Sojadrink ohne Süßungsmittel und Zusätze
Proteinpulver, Hanf, Reis, Erbse
NÜSSE UND SAMEN
Cashewkerne
Chiasamen
Hanfsaat
Haselnüsse
Kokosnuss, getrocknet und Milch
Kürbiskerne
Leinsamen
Macadamianüsse
Mohnsamen, weiß, schwarz
Paranüsse
Pinienkerne
Sesam
Sonnenblumenkerne

Traubenkerne, Traubenkernmehl
Walnüsse
DIVERSE LEBENSMITTEL
Agar-Agar
Ahornsirup
Backpulver, Weinsteinbackpulver
Bitterschokolade ab 70 %
Guarkernmehl
Johannisbrotkernmehl
Tapioka

Schlechte Säurebildner

TIERISCH
Eier
Fisch
Fleisch, Fleischbrühe
Meeresfrüchte
Milchprodukte von Kuh, Schaf und Ziege, wie Quark, Joghurt, Kefir, Molke, alle Käsesorten
Schinken
Wurstwaren
PFLANZLICH
Essig, Balsamico, Weinessig
Fertigprodukte aller Art
Getreideprodukte aus Auszugsmehlen, Brot, Brötchen, Laugengebäck, Kuchen, Teilchen, Nudeln, Cornflakes, Fertigmüslis etc.
Glutamat
Glutenhaltige Produkte (Seitan etc.)
Hefeextrakt
Ketchup, industriell
Nussnougatcremes
Palmöl und -fett
Roggen
Sauerkonserven
Senf, industriell
Sojaprodukte, wenn stark verarbeitet (TVP)
Sojasoße
Speiseeis jeder Art
Weizenbulgur und -couscous
Zucker, Xylit, Erythrit
GETRÄNKE
Abehm-Shakes
Alkohol
entkoffeinierter Kaffee
Diät-Drinks
Fruchtsaft, -konzentrat
Getreidekaffee
Instantkaffee
Isodrinks
koffeinhaltige Getränke (Kaffee, Espresso, Cola)
Light-Getränke
Limonade

Milch
Mineralwasser und kohlensäurehaltige Getränke
Proteindrinks aus Weizen
Tee, schwarz, Eistee

Neutrale Lebensmittel

Öle, bio, alle Sorten
Butter, Ghee, Sahne
Honig

Die basenüberschüssige Ernährung

Nun haben Sie eine Vorstellung davon, warum wir darauf achten sollten, ob die Lebensmittel, die wir zu uns nehmen, basenbildend oder säurebildend sind: Sie haben unterschiedliche Auswirkungen auf unseren Körper und unsere Gesundheit.

Auch wenn wir zu viele Säurebildner zu uns nehmen: Eine streng basische Ernährung wie das Basenfasten sollte nur über einen bestimmten Zeitraum durchgeführt werden. Empfehlenswert sind zwischen vier und maximal zwölf Wochen. Das Basenfasten unterstützt den Körper bei der Ausleitung von Giften und Schlacken. Danach ist es sinnvoll und wichtig, auf die basenüberschüssige, ausgewogene Ernährung umzustellen, bei der der Körper wieder ausreichend Proteine sowie die ganze Palette an Vitaminen, Ballaststoffen und Nährstoffen erhält. Denn er braucht Kraft und Energie, um jeden Tag effizient zu funktionieren!

Basische und säurebildende Lebensmittel in Balance

Eine basenüberschüssige Ernährung besteht zu 80 Prozent aus basischen und zu 20 Prozent aus guten säurebildenden Lebensmitteln.

Bei einer basenüberschüssigen Ernährung nehmen Sie 80 Prozent basische Lebensmittel und 20 Prozent gute säurebildende Lebensmittel zu sich. Der Körper hat genügend Zeit, die guten Säurebildner zu verarbeiten, die positiven Stoffe aufzunehmen und die negativen Stoffe zu neutralisieren. Somit werden die Mineralstoffspeicher nicht angegriffen oder geleert. Eine sehr gute Ausgangssituation!

Was waren noch einmal gute Säurebildner? Es sind Lebensmittel, die zwar sauer verstoffwechselt werden, jedoch so viele positive Eigenschaften haben, dass sie unbedingt in den Speiseplan mit aufgenommen werden müssen.

Führen Sie Ihrem Körper also zu 80 Prozent gesunde und nährstoffreiche Nahrung zu, wie zum Beispiel viel grüne Gemüse, Früchte, Obst, Sprossen, Kräuter und Algen. Nicht zu vergessen die Getränke: Reichlich stilles Wasser (2,5 bis 3 Liter täglich) gehört ebenfalls dazu. Die übrigen 20 Prozent bestehen aus guten Säurebildnern wie Hülsenfrüchten, Nüssen, Saaten und Pseudogetreide. Dazu packen Sie genügend Sonnenlicht und versuchen, so weit wie möglich Stress zu reduzieren. Schlafen Sie genug (ca. acht Stunden, je nach individuellem Bedarf) und gehen Sie so oft wie möglich raus an die frische Luft.

Vermeiden sollten Sie alles, was in der roten Lebensmittelliste aufgeführt ist. Das sind zwar fast alle Lebensmittel, die „Spaß" machen – aber wenn wir diese Lebensmittel ausschließlich verspeisen, tut uns das einfach nicht gut. Vermeiden bedeutet auch nicht, dass Sie diese Speisen nie wieder essen dürfen. Es bedeutet, dass Sie diese Gerichte ab und zu in Ihren Speiseplan mit einbauen können. In Maßen und nur an ganz besonderen Tagen. Danach achten Sie darauf, Ihre Körper mit ausschließlich basischen Lebensmitteln zu unterstützen, denn er hat reichlich mit der Verarbeitung der sauren Lebensmittel zu tun.

Schlechte Säurebildner sind zum Beispiel industriell hergestellte Nahrungsmittel und Fertiggerichte, wie Softdrinks, Chips, Pizza, Pasta, Zuckerwaren, Nudelprodukte, Fertigdressings und -soßen, sämtliche Milchprodukte, Fleisch- und Wurstwaren, Backwaren besonders aus leeren Kohlenhydraten wie Weizen und Co., stark denaturierte Gerichte sowie Alkohol, Koffein und andere Genussdrogen.

Das klingt alles schwerer und liebloser, als es ist! Beim Basenfasten reinigen Sie Ihren Körper und Sie stellen nach ganz kurzer Zeit fest, dass es Ihnen anfängt besser zu gehen. Das macht natürlich Lust auf mehr. Denn sobald Sie sich besser fühlen, wieder mehr Energie haben sowie die kleinen Zipperlein langsam anfangen zu verschwinden, macht das süchtig nach dem neuen Lebensstil. Die Lebensqualität kehrt zurück.

> Stellen Sie nach dem Basenfasten auf basenüberschüssige Ernährung um – so behalten Sie Ihre Energie.

Und danach stellen Sie auf den basenüberschüssigen Lebensweg um. Für mich persönlich ist das der beste Weg, um gesund und nährstoffreich zu leben.

Blutbild und Vitamin B12

Damit ich in keine Mangelernährung stolpere, lasse ich einmal im Jahr beim Arzt ein Blutbild machen. Neben dem großen Blutbild, bei dem unter anderem Zucker- und Cholesterinwerte bestimmt werden, lasse ich auch immer gleich meinen B12-, Eisen-, Schilddrüsen- und Vitamin-D-Wert checken. Bei dem Vitamin-B12-Wert (Holo-II-Wert) wird die aktive Form Holotranscobalamin II gemessen – ein sehr guter Indikator für eine Unterversorgung. Diese Werte sind für den Körper absolut essenziell, auch Sie sollten sie von Zeit zu Zeit überprüfen.

Gerade mir als Veganer stellt sich natürlich immer die Frage nach der idealen Versorgung mit Vitamin B12, welches im Großen und Ganzen in tierischen Lebensmitteln enthalten ist. Vitamin B12 spielt eine wichtige Rolle bei der Zellteilung, Blutbildung und der Funktion des Nervensystems. Ohne eine ausreichende Versorgung mit diesem Vitamin können unter anderem neurologische Schäden entstehen.

Allerdings hat das mit dem Vitamin-B12-Gehalt in tierischen Produkten seine Grenzen. Das Vitamin wird im Verdauungstrakt von Tieren mithilfe von Mikroorganismen hergestellt, danach wird es im Muskelfleisch oder auch in der Kuhmilch eingelagert und so gelangt es letztlich in den Menschen. Die Mikroorganismen, die zur Herstellung von Vitamin B12 benötigt werden, leben vorwiegend im Boden. Da aber die heutige Tierhaltung immer steriler vonstattengeht, haben selbst unsere Nutztiere nicht mehr die Möglichkeit, genug davon aufzunehmen. Deshalb wird ihnen Vitamin B12 ins Futter gemischt.

Wenn bei uns Menschen der Vitamin-B12-Wert im Blut zu niedrig ist, wird dazu geraten, ein Nahrungsergänzungsmittel einzunehmen. Also warum das Vitamin B12 erst durch ein Tier schicken, wenn man es auch gleich selbst einnehmen kann?

Tipps für die basenüberschüssige Ernährung

Sie wissen nicht, wie Sie es schaffen sollen, den größten Teil Ihrer Mahlzeiten mit basenbildenden Lebensmitteln zu bestreiten? Ich kann Sie beruhigen: Es ist alles eine Frage der Übung. Die folgenden Tipps helfen Ihnen dabei.

- Kartoffeln sind und bleiben eine tolle basische Beilage und machen lange satt.
- Ergänzen Sie Ihre Salate durch Sprossen, Keime, Nüsse und Saaten.
- Grüne Smoothies sind ein idealer Start in den Tag und liefern jede Menge der Nährstoffe, die Sie benötigen. Sie belasten den Körper nicht und geben Schwung und Energie.
- Wenn Sie Lust auf Süßigkeiten haben, lutschen Sie tiefgefrorene Beeren oder machen sich einen Obstsalat. Im Rezeptteil des Buches finden Sie viele Anregungen für tolle Naschereien.
- Lust auf Nudeln? Klar! Wählen Sie Nudeln aus Kichererbsen, Linsen, Buchweizen oder Hirse. Sie machen deutlich satter als Nudeln aus Hartweizen, haben massig Proteine und halten lange vor.
- Aus Mandelmus (Seite 44) lassen sich hervorragend cremige Soßen oder Dressings zubereiten. Cashewkerne sind perfekt für leckere Desserts.
- In diesem Buch finden Sie verschiedene Rezepte, wie Sie aus Hülsenfrüchten Bratlinge herstellen können. Und wenn Sie diese noch mit tollen Gewürzmischungen kombinieren, haben Sie fast das Gefühl, in ein Fleischpatty zu beißen.
- Kaufen Sie gesunde, kalt gepresste Öle. Sie dürfen weder geröstet noch hinterher erhitzt oder mit Wasserdampf behandelt worden sein.
- Stellen Sie Ihre Säfte selbst her, indem Sie Obst auspressen und dann mit frischem Quellwasser verdünnen. Oder brühen Sie frische Kräuter auf und verdünnen diese ebenfalls mit frischem Quellwasser.

Oliven-, Lein-, Kürbiskern- und Hanföl passen zu Rohkost. Sonnenblumen-, Kokos- und Rapsöl sind zum Braten geeignet.

Tagespläne für den Einstieg

Die folgenden vier Tagespläne sind beispielhaft für einen 80:20-Tag und können Ihnen den Einstieg in die basenüberschüssige Ernährung erleichtern. Wie Sie sehen, habe ich mich nicht sklavisch daran gehalten, jede Mahlzeit nach 80:20 aufzudröseln. Es reicht aus, wenn Sie wie hier den Tag in 80 Prozent basische und 20 Prozent basenüberschüssige Mahlzeiten einteilen. Die basenüberschüssigen Gerichte sind in der Tabelle grün hinterlegt.

FRÜHSTÜCK	MITTAGESSEN	ABENDESSEN
Früchte-Power-Smoothie (Seite 59)	Slow Roast und grüne Bratlinge (Seite 136 und 133) Frischer Obstsalat ohne Zuckerzusatz	Großer bunter Salat mit Apfelessig-Olivenöl-Dressing
Erdmandelporridge mit viel frischem Obst	Dukkah Karotten mit Brokkolisalat (Seite 186 und 84) Gefrorene, pürierte Obstmischung aus Bananen und Mango	Gemüsesuppe mit Kartoffeln und Zucchini-Nudeln aus dem Spiralschneider
Obstteller mit Lieblingsfrüchten	Fächerkartoffeln mit Mandelcrunch, grüner Soße und Süßkartoffelecken (Seite 180)	Shepherd's Pie (Seite 160)
Avocado-Tomaten-Schnittchen (Seite 58)	Zucchini-Kartoffel-Puffer auf einem Tomaten-Rote-Bete-Carpaccio Banane in der Schale gebacken mit rohem Himbeer-Maracuja-Fruchtpüree	Großer gemischter Salat mit Mandelmusdressing (Seite 72) und gegrillten Paprika

Tipps aus meiner Küche

Im Laufe der Zeit habe ich viele Gerichte ausprobiert, mit neuen Zutaten experimentiert, eigene Rezepte entwickelt und bei der Zubereitung verschiedene Geräte und Methoden getestet. Im Folgenden gebe ich Ihnen einen kleinen Einblick in meine Küche.

Kochen mit Hülsenfrüchten

Linsen, Bohnen, Kichererbsen, Sojabohnen, Erbsen – die gesunden Hülsenfrüchte bieten uns eine riesige Auswahl.

Wie Sie wissen, sind Hülsenfrüchte gute Säurebildner und damit ein unverzichtbarer Bestandteil der basenüberschüssigen Ernährung. Beim Kochen mit Hülsenfrüchten gibt es jedoch einiges zu beachten.

Sie kennen das wahrscheinlich: Sie bereiten Linsenbolognese oder die wunderbare Kichererbsen-Spinat-Suppe (Seite 123) zu und danach ist der gelbe Sack voll mit leeren Dosen. Klar, der Vorteil liegt auf der Hand: Einfach eine Dose aufreißen und schon hat man die kleinen gekochten Proteinbömbchen im Essen. Keine Arbeit und keine Vorplanung. Sie sind rundum eine tolle Sache. Aber stimmt das? Vergleichen wir doch einmal:

Vorteile der Dose

- Der Inhalt ist perfekt geschützt gegen Gase, Licht und Gerüche.
- Sie besitzt eine hohe Festigkeit.
- Sie bietet die längste Haltbarkeit aller verpackten Lebensmittel.
- Die Recyclingrate ist hoch.

Nachteile der Dose

- Durch Säure oder Salze können sich Metallbestandteile und Beschichtungen lösen und in das Lebensmittel übergehen.
- Der innen liegende Überzug aus Epoxid-Kunststoff verhindert das. Doch dieser enthält Bisphenol-A (BPA), das in das Lebens-

mittel übergehen und das menschliche Hormonsystem schädigen und die Fortpflanzungstätigkeit beeinträchtigen kann.
- Sie müssen vor Korrosion geschützt werden, was zu Leckagen und Bombagen führen kann.
- Bei der Produktion ist ein hoher Energieaufwand notwendig.

Auch Glas- oder Kunststoffverpackungen sind keine Alternative. Zwar geben sie nicht so viele Schadstoffe in das Lebensmittel ab, doch die Beschaffung der Rohstoffe, der Herstellungsprozess, die Inhaltsstoffe bzw. Konservierungsmittel stehen auch hier zur Debatte. Denn in vielen Konserven stecken einfach zu viele Konservierungsmittel, Geschmacksverstärker, Zucker, Salz, Weizenmehl, modifizierte Stärke, Säuerungsmittel, Gewürzextrakte, Antioxidationsmittel sowie Festigungsmittel etc.

Daher plädiere ich dafür, getrocknete Hülsenfrüchte zu verwenden. Das ist nicht schwer und auch gar nicht so aufwendig, wie man sich das vorstellt. Und vor allem schmecken sie besser! Denn Sie können zum Beispiel den Biss und die Salzigkeit selbst regeln. Außerdem können Sie sich sicher sein, dass Sie wirklich nur das reine Produkt konsumieren und keine unerwünschten Zusatzstoffe. Die Hülsenfrüchte sind weniger verarbeitet, nicht pasteurisiert und auch nicht eingekocht. Ein weiterer, nicht unwesentlicher Vorteil sind die Kosten: Getrocknete Hülsenfrüchte sind rund um die Hälfte günstiger als Konserven.

> Verwenden Sie getrocknete Hülsenfrüchte statt Konserven. So produzieren Sie deutlich weniger Müll.

Hülsenfrüchte selbst kochen – so geht's

Bis auf einige Ausnahmen, wie zum Beispiel geschälte Linsen, sollten die trockenen Hülsenfrüchte einen Tag vorher in reichlich Wasser eingelegt werden, sonst dauert das Kochen viel zu lange. Wenn Sie Ihre Mahlzeiten normalerweise nicht im Voraus planen, sondern eher spontan agieren, können Sie Hülsenfrüchte auch in einer größeren Menge vorkochen. Sie halten sich in einer gut verschlossenen Dose prima einige Tage im Kühlschrank. Vor-

Wenn Sie häufig Hülsenfrüchte kochen möchten, lohnt es sich, einen Schnellkochtopf anzuschaffen. Er verkürzt die Garzeit um ein Vielfaches.

ratshaltung de luxe für mich! Und wenn Sie sie dann doch nicht so schnell verbrauchen, lassen sie sich hervorragend einfrieren. Die tiefgefrorenen Linsen oder Kichererbsen geben Sie einfach in die Gemüsepfanne und garen sie ein wenig mit – zack, fertig ist das proteinreiche Mittagessen!

- Die Hülsenfrüchte über Nacht (12 bis 24 Stunden) in reichlich Wasser einweichen, damit sie ihr Volumen verdoppeln können. Faustformel: Das Wasser sollte doppelt so hoch in der Schüssel stehen.
- Die Hülsenfrüchte abgießen, unter fließendem Wasser gut abspülen und in einen Topf mit reichlich frischem, leicht gesalzenem Wasser geben. Das Wasser sollte ruhig ein paar Zentimeter über den Hülsenfrüchten stehen.
- Das Wasser zum Kochen bringen, die Temperatur reduzieren und die Hülsenfrüchte bei geschlossenem Deckel bis zum gewünschten Gargrad gar kochen. Den Schaum, der sich bildet, von Zeit zu Zeit einfach mit einer Kelle abnehmen. Das Wasser sollte nicht mehr sprudelnd kochen, sondern einfach gemächlich vor sich hin blubbern.
- Die Garzeit hängt von dem Produkt ab: Sie müssen etwa 50–90 Minuten einplanen. Kichererbsen brauchen bis zu 90 Minuten, Linsen eher 50–60 Minuten.

Bei stark kalkhaltigem Wasser geben Sie einen halben Teelöffel Natron mit ins Einweich- bzw. Kochwasser. Denn der Kalk im Wasser lagert sich gerne in der Schale der Hülsenfrüchte ein und macht die Hülle fest. Das verlängert die Kochzeit und ggf. werden die Hülsenfrüchte nicht richtig weich. Das Natron macht das Wasser weich. Wenn die Hülsenfrüchte besonders weich werden sollen, zum Beispiel Kichererbsen für Hummus, geben Sie Natron mit ins Einweichwasser *und* ins Kochwasser.

Hülsenfrüchte verträglich zubereiten

Hülsenfrüchte sind bekanntlich nicht so leicht zu verdauen und verursachen häufig Blähungen. Wenn Sie lange Zeit kaum Hülsenfrüchte gegessen haben, kann das auch bei Ihnen der Fall sein. Haben Sie etwas Geduld: Ihr Körper wird sich daran gewöhnen, denn die Darmflora ist flexibel und in der Lage sich anzupassen. Die folgenden Tipps unterstützen Sie dabei.

- Am besten starten Sie mit geschälten Hülsenfrüchten wie gelben und roten Linsen. Diese sind leichter verdaulich, da die Ballaststoffschicht entfernt wurde. Daher garen sie auch deutlich schneller und müssen nicht eingeweicht werden.
- Beginnen Sie mit kleinen Portionen und steigern Sie sich langsam. So hat Ihr Körper die Möglichkeit, sich daran zu gewöhnen.
- Weichen Sie nicht geschälte Hülsenfrüchte möglichst lange ein. Sie geben ihre blähenden Eigenschaften (Oligosaccharide) an das Einweichwasser ab.
- Geben Sie Natron mit ins Einweichwasser, das unterstützt den Abbau der Oligosaccharide.
- Schütteln Sie das Einweichwasser immer weg. Mit den Oligosacchariden werden auch leicht toxische Verbindungen wie zum Beispiel Phasin ausgespült, die in größeren Mengen Übelkeit, Erbrechen und Durchfall auslösen können.
- Verschiedene Kräuter helfen, die Hülsenfrüchte leichter verdaulich zu machen. Geben Sie nach Ihrem Geschmack etwas davon mit ins Gericht: Kümmel, Fenchel, Anis, Ingwer, Bohnenkraut, Rosmarin, Thymian, Majoran oder Koriander.

Keime und Sprossen ziehen

Keime und Sprossen sind eine wunderbare Ergänzung der basischen Küche. Sie schmecken lecker, sind gesund und geben zahlreichen Gerichten den besonderen Kick.

Der Keimprozess lässt Hülsenfrüchte basischer werden: Je länger sie keimen, desto basischer.

Hülsenfrüchte, Saaten oder Nüsse selbst zum Keimen zu bringen, ist ganz einfach. Sie nehmen ein steriles, leeres Glas und füllen die Saaten ein. Über Nacht werden sie mit frischem Wasser bedeckt, sodass sich die Saaten gut vollsaugen können.

Das Glas bedecken Sie mit Gaze, damit keine Insekten eindringen können, aber trotzdem genug frische Luft darin zirkulieren kann. Stellen Sie es an einen Ort mit normaler Raumtemperatur.

Am nächsten Tag gießen Sie die Saaten ab und spülen sie unter frischem fließendem Wasser ab. Gründlich abtropfen lassen und wieder im feuchten Zustand – bitte ohne Zugabe von Wasser – in das Glas füllen. Danach das Glas wieder mit Gaze verschließen.

In den nächsten zwei bis drei Tagen spülen Sie die Saaten bzw. die Keimlinge wie beschrieben zwei- bis dreimal täglich mit frischem fließendem Wasser ab. Wichtig ist, dass danach im Glas kein Wasser stehen bleibt. Werden die Keimlinge zu wenig gespült, laufen sie Gefahr zu vertrocknen. Bleibt zu viel Wasser im Glas, können sie anfangen zu schimmeln.

Um Sprossen und Keimlinge selbst zu ziehen, gibt es zahlreiche Hilfen, beispielsweise einfache Keimgläser oder Abtropfschalen, aber auch Geräte, die die Wasserzufuhr elektronisch regeln. Wenn Sie es aber erst einmal testen wollen, genügt ein großes, leeres Einmachglas und ein Stück Gaze.

Diese Saaten sind geeignet

Es gibt ein großes Angebot an Saaten, aus denen Sie Sprossen ziehen können. Ich empfehle, Bioprodukte zu verwenden, um zu vermeiden, dass die Saaten belastet sind. Besonders vielseitig sind Alfalfa, Rettich, Brokkoli, Erbsen, Buchweizen, Radieschen, Kresse, Bockshornklee, Mungbohnen, Kichererbsen und Linsen. Sie können auch eine Mischung kaufen und sich überraschen lassen. Streuen Sie Sprossen und Keimlinge über Salate oder aufs Brot, reichern Sie eine Bowl damit an oder geben Sie sie als Topping über den Eintopf.

Kräuter und Gewürze

Kochen ohne Gewürze und Kräuter ist wie ein Sommer ohne Sonne oder Autofahren ohne Räder. Der Geschmack von Gewürzen und Kräutern weckt in uns zahlreiche Erinnerungen – an Sommertage, an Wintertage, an Urlaub in fernen oder nicht so fernen Ländern …

Wir können die Gewürze oder Gewürzmischungen aus dem Urlaub mit nach Hause nehmen, und inzwischen gibt es in jedem gut sortierten Supermarkt eine breite Auswahl an exotischen Gewürzen. Auch Asialäden, türkische und arabische Supermärkte haben ein großes Angebot. Doch manchmal muss es eine ganz spezielle Mischung sein. Was liegt also näher, als seine Würzmischungen selbst herzustellen. Rezepte gibt es mittlerweile jede Menge und Sie können sie nach Belieben abwandeln, um Ihre eigenen Geschmacksnuancen zu finden und neue zu kreieren.

In meinen Kursen höre ich öfter, dass die Verpackungseinheiten oft zu groß sind, die Tüten zu lange herumliegen und die Gewürze ihr Aroma verlieren. Mit der richtigen Lagerung können Sie das verhindern. Mein Tipp ist in diesem Fall immer: Füllen Sie Ihre Gewürze oder selbst gemachten Mischungen in luftdichte Gefäße wie zum Beispiel Gläser mit Twist-off-Deckel oder Gummilippen. Plastikschalen mit Klickdeckeln würde ich nicht empfehlen, da sie den Geruch und die Farbe annehmen und wahrscheinlich nie wieder anderweitig verwendbar sind.

> Machen Sie mit Ihrem Lieblingswürz auch anderen eine Freude: In einem schönen Gefäß hübsch verpackt, ist es ein tolles Mitbringsel.

Gewürzmischungen selbst herstellen

Je nachdem, welche Gewürzmischung Sie herstellen möchten, brauchen Sie ein paar Hilfsmittel. Als Allererstes brauchen Sie etwas, womit Sie die getrockneten Gewürze oder die Samen zerreiben oder mahlen können. Dazu eignet sich am besten ein Mörser mit

Stößel oder eine elektrische Kaffeemühle bzw. ein kleiner Mixer. Diese sollten Sie ausschließlich zur Gewürzzubereitung nehmen, da auch sie früher oder später die Gerüche annehmen werden.

Außerdem brauchen Sie eine Pfanne, in der die Gewürze ohne Fett angeröstet werden können. Am besten eignet sich hierzu eine beschichtete Pfanne, aber jede andere tut es auch. Das Anrösten ohne Fett ist wichtig, denn schließlich wollen wir den Gewürzen ihr typisches Aroma entlocken und sie nicht braten oder frittieren.

Zunächst werden die Zutaten der Reihe nach abgewogen. Die meisten Gewürze befinden sich im getrockneten Zustand im „Schlafmodus“. Damit meine ich harte Gewürze wie Kreuzkümmel-, Koriander- oder Bockhornkleesamen. Diese Gewürze müssen vor der Verarbeitung mithilfe von Hitze „aufgeweckt“ werden. Sie werden in einer Pfanne ohne Fett so lange geröstet, bis sie leise knistern und wohlig duften. Wenn die Samen allerdings zu dunkel werden und verbrannt riechen, bleibt für sie nur der Weg in den Mülleimer, da sie nun bitter schmecken.

Bereits gemahlene Gewürze werden nicht noch einmal angeröstet – sie würden einfach nur ganz schnell verbrennen.

Nach dem Rösten müssen die Gewürze auf jeden Fall komplett auskühlen, ehe sie weiterverarbeitet werden können. Denn sie enthalten dennoch einen kleinen Grad an Feuchtigkeit. Diesen würde man nach dem Mahlen mit im Glas einschließen und die Gewürzmischung würde anfangen zu schimmeln.

Nach dem Rösten und Auskühlen können die Pulver gemischt und in Gläser gefüllt werden. Verschließen Sie die Gläser gut und beschriften Sie sie. Sonst wissen Sie nach ein paar Wochen nicht mehr, welche Mischung sich in welchem Glas befindet.

Mit Zutaten wie Knoblauch oder Chili würde ich mich zurückhalten. Diese würde ich beim Kochen immer frisch hinzufügen. Ausnahmen sind ein wirklich scharfes Currypulver oder eine sehr scharfe Chilipaste. Manche Menschen vertragen keine Schärfe oder reagieren allergisch auf Knoblauch. Es wäre doch schade, wenn diese Person Ihr köstliches Essen nicht probieren könnte.

Gewürzmischungen aus aller Welt

- Die bekanntesten Gewürzmischungen sind wohl Currypulver. Diese gibt es in unendlich vielen Varianten, die Gewürze, die dafür verwendet werden, sind nicht festgelegt. Daher unterscheiden sich die Currypulver je nach Region, Land und Koch erheblich. Ein Currypulver ist immer eine Gewürzmischung. Beispiele sind das indische Garam Masala oder das arabische Ras el Hanout.
- Die chinesische Küche trumpft mit ihrem 5-Gewürze-Pulver auf, welches immer aus den Zutaten Sternanis, Szechuan Pfeffer, Fenchelsamen, Nelken und Zimt besteht.
- In Frankreich ist „Herbes de Provence“ eine der am meisten genutzten Kräutermischungen. Die Kräuter dafür werden ausschließlich getrocknet und zerrieben, nicht geröstet. Auch hierfür gibt es zahlreiche Rezepte. Immer dabei sind jedoch Thymian, Oregano, Rosmarin und Bohnenkraut.
- Dann gibt es noch Dukkah aus Ägypten, Harissa aus der Türkei, Panch phoron aus Nordindien, Za'tar aus Jordanien, Zug aus dem Yemen, Berbere aus Äthiopien – und die Mischungen für das griechische Gyros und den türkischen Döner.

Im Rezeptteil finden Sie einige Rezepte für Gewürzmischungen, unter anderem Dukkah, Tikka Masala Currypaste und ein Dönergewürz.

Mit dem Dönergewürz (Rezept S. 49) bekommen Fleischgerichte eine pikante Note.

Gemüseabfälle – perfekt für Brühen

In der basischen veganen Küche wird viel Gemüse verwendet. Daher habe ich immer reichlich Gemüseabfälle. Da sie mir zum Wegwerfen zu schade sind, habe ich mir etwas überlegt: Zwiebel- und Knoblauchschalen, Karottengrün- und schale, Schalen und Endstücke von Fenchel, Sellerie, Spargel, Knollensellerie, Lauch, Petersilienwurzel, Pilzstiele, Abschnitte von Brokkoli, Blumenkohl und Kohlsorten, Stiele von Petersilie und Koriander sowie von diversen Kräutern eignen sich hervorragend zum Kochen einer Gemüsebrühe!

Immer, wenn ich Gemüse verarbeitet habe und Reste und Abfälle anfallen, friere ich sie direkt ein. Waschen vorher nicht vergessen! Ich fülle sie in einen großen Gefrierbeutel, verschließe ihn fest und lege ihn in den Gefrierschrank. Wenn ich das nächste Mal wieder Gemüse putze, hole ich den Beutel aus dem Gefrierfach und fülle ihn weiter mit den Abschnitten auf. Das wiederhole ich so oft, bis der Beutel voll ist. Eine gute Menge sind 1,5 Kilo Gemüseabschnitte.

Dann koche ich daraus eine Gemüsebrühe. Dafür gebe ich das tiefgekühlte Gemüse mit 1 Esslöffel Salz in einen Topf, gieße Wasser dazu, bis alles bedeckt ist und lasse das Ganze mindestens eine Stunde lang sanft köcheln. Den aufsteigenden Schaum schöpfe ich ab. Wer die Brühe gerne konzentrierter mag, nimmt weniger Wasser oder kocht die Brühe nach dem Abseihen einfach noch einmal um die Hälfte ein. Das Gemüse seihe ich durch ein feines Sieb in eine Schüssel ab und lasse die Brühe abkühlen.

Die fertige Brühe kann sofort verwendet oder in sauberen, fest verschließbaren Gläsern im Kühlschrank einige Tage aufbewahrt werden. Länger haltbar ist die Brühe, wenn sie eingefroren wird. Besonders praktisch ist es, sie in einem Eiswürfelbehälter einzufrieren und dann als Gemüseeiswürfel in einem Beutel im Tiefkühler aufzubewahren.

Lebensmittel für den Vorratsschrank

Einige Lebensmittel habe ich immer im Vorratsschrank, weil sie gesund, lecker und sehr vielseitig einsetzbar sind. Sie passen gut zu Smoothies, können ins Müsli gemischt, über den Salat gestreut oder als Snack genossen werden.

- Chlorella-Alge (Pulver) hat eine extrem positive Wirkung auf unsere Leber (wirkt entgiftend) und stärkt das Immunsystem.
- Gerstengraspulver senkt den Cholesterin- und den Blutzuckerspiegel, reguliert den Säure-Basen-Haushalt, regt den Fettstoffwechsel an, hilft bei der Entgiftung und besitzt eine stärkende und anregende Wirkung auf unser Immunsystem.
- Flohsamenschalen regulieren die Verdauung. Sie quellen im Darm auf und binden dabei Wasser und Giftstoffe.
- Datteln (und getrocknetes Obst) haben einen hohen Gehalt an Mineralstoffen und Vitaminen (A und B), enthalten viel Kalium und Magnesium, aber auch Kalzium, Chlorid, Eisen und Phosphor. Sie regen den Stoffwechsel an, unterstützen die Verdauung, haben eine antioxidative und entzündungshemmende Wirkung und liefern schnell Energie für Gehirn und Muskeln.
- Dattelsüße ist eine echte Alternative zu Zucker und auf keinen Fall mit ihm vergleichbar. Wer weiß, wie gesund diese Frucht ist, wird nie wieder Zucker verwenden wollen.
- Garam Masala, Madras-Curry und Harissa sind meine Grundgewürzmischungen und Scharfmacher für jedes indische Curryrezept sowie marokkanische Speisen.
- Hochwertige Öle in Bioqualität sind unentbehrlich in der warmen und kalten Küche. Dabei ist unbedingt zu unterscheiden zwischen Ölen, die für das Braten genutzt werden – sie sind hocherhitzbar –, und denen, die nur für Salate und Rohkostgerichte verwendet werden. Öle, die nur kalt verwendet werden sollten, wie zum Beispiel Leinöl, enthalten viele wichtige Inhaltsstoffe, die beim Erhitzen zerstört würden.

Für selbst gemachte Dattelsüße geben Sie 245 g getrocknete, entsteinte Medjool-Datteln zusammen mit 200 ml Wasser in einen Hochleistungsmixer und mixen alles zu einer cremigen Paste.

- Carobpulver: Carob ist das geröstete und fein gemahlene Fruchtmark der Carob-Früchte, welche am Johannisbrotbaum wachsen. Die reifen Früchte werden aufgesammelt, gereinigt, geöffnet, Stiel und Kerne entfernt, zerkleinert und getrocknet. Danach werden sie zu einem feinen Pulver zermahlen. Carobpulver erinnert mit seinem süßlich-karamelligen Geschmack an Schokoladenpulver und wird auch wie dieses verwendet. Allerdings schmeckt es weniger bitter. Carobpulver ist von Natur aus süßlich, fettarm sowie reich an Eisen, Calcium, Magnesium, Vitamin A, B2 und wertvollen Ballaststoffen.
- Erdmandelflocken: Erdmandeln (auch Tigernüsse oder Chufas genannt) gehören zur Gattung der Zyperngräser. Um die Knollen zu konservieren, werden sie getrocknet. Die Knollen liefern viele Mineralstoffe, vor allem Kalzium, Magnesium, Natrium und Phosphor. Da sie keine Nüsse sind, werden sie auch von Nussallergikern gut vertragen. Ihr süßlicher Geschmack erinnert leicht an Mandeln – daher ihr Name.

Passierte Tomaten

In einigen Rezepten verwende ich passierte Tomaten. Diese gibt es im Supermarkt, Sie können sie aber auch ganz einfach selbst herstellen. Für rund 450 ml brauchen Sie ca. 800 g frische, reife Tomaten, die zuerst gehäutet und dann passiert werden. Die Tomaten oben und unten kreuzförmig einschneiden, für 30 Sekunden in kochendes Wasser legen, herausnehmen und sofort in eiskaltem Wasser abschrecken. Die Haut abziehen, die Tomaten vierteln, Stielansatz und Kerne entfernen. Dann die Tomaten mit einem Pürierstab zu einer sämigen Soße pürieren.

Nützliche Küchengeräte

- **Schnellkochtopf.** In meinem Schnellkochtopf koche ich Hülsenfrüchte, Kartoffeln, Wurzelgemüse, Kohl, verschiedene Suppen und Eintöpfe. Zum Einkochen von Gemüse und Obst ist er ebenfalls sehr praktisch. Die Lebensmittel werden bei erhöhtem Druck in wenig Wasser oder Wasserdampf sehr schonend gegart. Die Garzeit reduziert sich um ein Vielfaches und die Vitamine und Nährstoffe bleiben erhalten.

- **Standmixer.** Der Standmixer sollte leistungsfähig sein und mindestens 30.000 Umdrehungen haben. Damit schafft er es, aus Mandeln ein cremiges Mandelmus herzustellen und beim Mixen von grünen Smoothies die Blattstrukturen aufzubrechen, um das Chlorophyll freizusetzen.
- **Elektrische Kaffeemühle oder kleiner Mixer.** Damit mahlen Sie die Gewürze für Ihre eigenen Würzmischungen. Ein kleiner Mixer ist perfekt, um die kleinen Mengen von Gewürzen in Sekundenschnelle zu einem feinen Pulver zu mahlen.
- **Pürierstab.** Ein Pürierstab ist ideal, um Soßen oder Suppen im Topf aufzumixen, ohne sie in den großen Standmixer umfüllen zu müssen.
- **Spiralschneider.** Davon gibt es jede Menge Varianten, probieren Sie aus, mit welcher Sie gut zurechtkommen. Mit einem Spiralschneider können Sie aus fast jedem Gemüse leckere Spiralnudeln drehen. Ich nehme am liebsten Zucchini oder Karotten dafür, aber auch Äpfel, Kohlrabi, Radieschen können in Spiralen geschnitten werden.
- **Entsafter.** Mit einem hochwertigen Entsafter können Sie verschiedene Obst- und Gemüsesorten schonend entsaften. Zu empfehlen sind Slow juicer, die keine Zentrifuge besitzen, sondern Presswalzen.
- **Dörrgerät.** In einem Dörrgerät trocknen Sie auf schonende Art und Weise Obst und Gemüse zum gesunden Snacken und um sie besser lagern zu können.
- **Nussbeutel.** Ein Nussbeutel filtert die festen Bestandteile aus einer selbst hergestellten Mandelmilch. Ein sauberes Baumwolltuch oder ein Nylonstrumpf tut es auch, aber wenn Sie häufig Mandelmilch produzieren, ist ein Nussbeutel praktisch.

Häufig gestellt Fragen

Ich mag eine Rezeptzutat nicht, zum Beispiel Sonnenblumenöl – kann ich die Zutat einfach ersetzen?
Solange Sie sich an die basenüberschüssige Lebensmittelliste halten, können Sie jede Zutat nach Ihrem Geschmack austauschen.

Ich vertrage keinen Knoblauch und keine Zwiebeln. Kann ich diese weglassen?
Natürlich. Das Gericht schmeckt dann zwar anders, aber niemand soll Lebensmittel essen, die er nicht verträgt.

Ich möchte Mandelmus machen und habe keine ganzen Mandeln bekommen – kann ich auch Mandelstifte nehmen?
Ein klares Ja. Wenn Mandeln püriert werden, ist das Ausgangsprodukt vorher egal.

Ich habe Angst, wieder zuzunehmen, wenn ich mich nicht mehr rein basisch ernähre.
Die in diesem Buch beschriebene basenüberschüssige Ernährung ist gesund und sehr gut dazu geeignet, das Gewicht zu halten. Auch wenn gute Säurebildner erlaubt sind, enthält sie keine leeren Kohlenhydrate und nur gesunde Fette.

Nach einem Monat Basenfasten habe ich eine Tasse Kaffee getrunken und total angefangen zu zittern. Was ist passiert?
Natürlich reagiert Ihr Körper sofort auf das Koffein. Die psychoaktiven Substanzen regen primär das Nervensystem an. Und da der Körper nicht mehr an diese Mengen gewöhnt ist, reagiert er manchmal auf die „Überdosis" mit Nervosität, Zittern und Schwindel.

Mir tun die Zähne beim Kauen weh.

Das ist nicht verwunderlich, denn Fast- und Conveniencefood, weißes Brot etc. sind so weich, dass Ihre Zähne schon lange nichts mehr zu tun bekommen haben. Und zur basenüberschüssigen Ernährung gehört nun mal viel Rohkost. Daran werden Sie sich aber gewöhnen, haben Sie ein wenig Geduld und fangen Sie langsam an.

Darf ich denn nun nie wieder Burger oder Pizza essen?

Natürlich dürfen Sie das. Aber ein gesundes Maß ist das Maß aller Dinge! Ich empfehle, sich basenüberschüssig zu ernähren und kleine „Cheat Days“ also „Schummeltage“ einzuführen, an denen Sie essen dürfen, was Sie wollen. Diese Tage können Sie zum Beispiel auf gesellschaftliche Events oder die Grillparty mit Ihren Freunden legen. Wichtig ist, dass diese Cheat Days Ausnahmen bleiben und Sie danach immer wieder zur basenüberschüssigen Ernährung zurückkehren.

Mir fällt es schwer, mich in der Lebensmittelliste zurechtzufinden. Gibt es eine Richtlinie in Kurzform?

Ja, um sich auch mal schnell zurechtzufinden, lassen sich die Listen zusammenfassen.

Basisch: Obst und Gemüse, Kräuter und Gewürze sowie Mandeln

Basenüberschüssig: die basischen Lebensmittel, außerdem Nüsse und Hülsenfrüchte

Säurebildend: Fleisch, Milch, Zucker und Weizen sowie die jeweiligen Produkte

Neutral: Öle jeglicher Art

111 LECKERE REZEPTE

Jetzt wird es praktisch: Steigen Sie mit meinen Rezepten in die basenüberschüssige Ernährung ein. Auf den folgenden Seiten finden Sie eine breite Auswahl an Rezepten für jede Gelegenheit – lassen Sie sich inspirieren, probieren Sie aus, genießen Sie und freuen Sie sich an den positiven Effekten.

BASISREZEPTE

Mandelmilch

Zubereitungszeit: 10 Minuten
Einweichzeit: über Nacht

Dieses Rezept enthält:

595 kcal (2.489 kJ)	19 g Eiweiß
4 g Kohlenhydrate	54 g Fett

100 ml enthalten:

99 kcal (415 kJ)	3 g Eiweiß
1 g Kohlenhydrate	9 g Fett

Zutaten für ca. 500 ml

100 g Mandeln (ungeschält)
500 ml Wasser

Zubereitung

1 **Am Vortag** die Mandeln mit Wasser bedecken und einweichen.

2 **Am Tag darauf** das Wasser abgießen, die Mandeln gut unter fließendem Wasser abspülen und mit 500 ml frischem Wasser in den Standmixer geben. Auf niedrigster Stufe mit dem Mixen beginnen, dann nach und nach die Geschwindigkeit steigern, bis die Mandeln sehr fein gemixt sind.

3 Das Ganze mithilfe eines sauberen Tuchs, eines Kaffeefilters, eines Nussmilchbeutels oder eines sauberen Nylonstrumpfs filtern.

Mandelmilch in eine Karaffe füllen und innerhalb von ein bis zwei Tagen aufbrauchen.

TIPP

Die Mandelmilch verwenden Sie für Müslis, Smoothies, in Suppen oder Cremes. Mit den Mandelresten können Sie hervorragend backen. Oder Sie trocknen die Reste und streuen Sie über Ihr Porridge.

Mandelsahne

Zubereitungszeit: 15 Minuten
Einweichzeit: über Nacht

Dieses Rezept enthält:

1.784 kcal (7.463 kJ)	48 g Eiweiß
9 g Kohlenhydrate	167 g Fett

100 ml enthalten:

283 kcal (1.185 kJ)	8 g Eiweiß
2 g Kohlenhydrate	26 g Fett

Zutaten für ca. 350 ml

250 g ungeschälte Mandeln
350 ml Mandelmilch
2 EL Bio-Olivenöl, extra vergine

Zubereitung

1 **Am Vortag** die Mandeln mit Wasser bedecken und einweichen.

2 **Am Tag darauf** das Einweichwasser wegschütten, die Mandeln gründlich unter fließendem Wasser abspülen und mit der Hälfte der Mandelmilch in den Standmixer geben. Auf niedrigster Stufe zu einem feinen Brei mixen. Nach und nach die restliche Mandelmilch hinzufügen, bis eine cremige Mandelmilch entsteht. Dabei die Mixgeschwindigkeit langsam bis zur höchsten Stufe steigern.

3 Die Mandelmilch filtern, Mandelrückstände gut ausdrücken. Die Mandelmilch wieder in den Mixer geben und das Öl hinzufügen. Auf kleinster Stufe einige Sekunden mixen. Die Sahne wird nun gebunden, bekommt einen seidigen Glanz und dickt noch ein wenig nach.

TIPP

Sie können für Mandelsahne geschälte oder ungeschälte Mandeln verwenden. Geschmacklich macht es keinen Unterschied, nur optisch: Bei ungeschälten Mandeln hat die Mandelsahne lediglich ein paar braune Pünktchen. Die Sahne hält sich ein paar Tage im Kühlschrank. Mit ihr können Sie Suppen verfeinern, Müslis ergänzen oder wunderbar cremige Dressings anrühren.

Mandelmus

Zubereitungszeit: 20–30 Minuten plus Zeit zum Abkühlen

Dieses Rezept enthält:

2.340 kcal (9.791 kJ)	102 g Eiweiß
16 g Kohlenhydrate	199 g Fett

100 ml enthalten:

585 kcal (2.448 kJ)	26 g Eiweiß
4 g Kohlenhydrate	50 g Fett

Zutaten für ca. 400 g

400 g Mandeln (geschälte für weißes Mus, ungeschälte für braunes)

Zubereitung

1 Mandeln in den Mixer geben und so lange mixen, bis ein cremiges, weiches Mandelmus entstanden ist. Während des Mixens immer mal wieder stoppen und mit einem Spatel das Mus, das sich am Rand absetzt, nach unten schieben.

2 Es hält sich in einem Schraubglas im Kühlschrank ein bis zwei Wochen.

TIPP

Durch die hohen Umdrehungen wird das Mandelmus erwärmt. Zu hohe Hitze beeinträchtigt die Qualität und zerstört wertvolle Inhaltsstoffe, lassen Sie daher das Mus zwischendurch immer wieder im Behälter kurz abkühlen, bevor Sie weitermixen. Das Mandelmus ist die Grundlage für die basenüberschüssige Mayonnaise, aus ihr wird das wunderbare Mandelmusdressing hergestellt und man braucht es zum Beispiel für Süßspeisen wie die leckeren Chia-Bites.

Erithreische Gewürz-mischung „Berbere“

Zubereitungszeit: 10 Minuten plus Zeit zum Abkühlen

Dieses Rezept enthält:

195 kcal (816 kJ)	8 g Eiweiß
21 g Kohlenhydrate	7 g Fett

100 ml enthalten:

15 kcal (63 kJ)	1 g Eiweiß
2 g Kohlenhydrate	1 g Fett

Zutaten für ca. 60 g

- 10 g Kreuzkümmelsamen
- 2 g Kardamomsamen
- 6 g Bockshornkleesamen
- 1 TL Koriandersamen
- 8 Nelken
- 7 g schwarze Pfefferkörner
- 3 getrocknete Chilischoten
- ½ TL Ingwerpulver
- ½ TL Zimtpulver
- 6 g Kurkumapulver
- 15 g scharfes Paprikapulver
- 5 g Salz

Zubereitung

1 Kreuzkümmel-, Kardamom-, Bockshornklee-, Koriandersamen, Nelken, Pfefferkörner und Chilischoten in einer Pfanne ohne Fett unter ständigem Rühren anrösten, bis die Gewürze anfangen zu duften.

2 In eine Schüssel füllen und komplett auskühlen lassen. Danach im Mixer fein mahlen und mit Ingwer-, Zimt-, Kurkuma-, Paprikapulver und Salz mischen.

3 In einem fest verschließbaren Glas kann man diese Mischung mehrere Monate aufbewahren.

TIPP

Dieses Gewürz wird in den Gerichten Timtimo (Seite 144) und Schiro (Seite 146) verwendet. Es passt aber auch zu allen Currygerichten und ist ein leckeres Würzsalz.

Marokkanische Gewürzmischung „Dukkah"

Zubereitungszeit: 10 Minuten plus Zeit zum Abkühlen

Dieses Rezept enthält:

1.144 kcal (4.738 kJ)	42 g Eiweiß
34 g Kohlenhydrate	89 g Fett

100 g enthalten:

522 kcal (2.163 kJ)	19 g Eiweiß
15 g Kohlenhydrate	41 g Fett

Zutaten für ca. 200 g

Für die Nussmischung

- 50 g Haselnüsse
- 30 g ungesalzene Pistazien (ohne Schale)
- 20 g Pinienkerne
- 40 g Sesamsamen
- 20 g Sonnenblumenkerne

Für die Gewürzmischung

- 10 g Kreuzkümmelsamen
- 10 g schwarze Pfefferkörner
- 20 g Koriandersamen
- 5 g Nigellasamen

Außerdem

- 1 TL Paprikapulver edelsüß
- 2 TL getrockneter Oregano
- 3 TL Fleur de Sel

Zubereitung

1 **Für die Nussmischung** Haselnüsse, Pistazien und Pinienkerne fein hacken und in einer fettfreien Pfanne unter ständigem Rühren anrösten, bis sie anfangen zu duften. In eine Schüssel füllen. Danach Sesamsamen und Sonnenblumenkerne in der Pfanne ebenfalls ohne Fett unter ständigem Rühren leicht anrösten und in die Schüssel geben. Komplett auskühlen lassen.

2 **Für die Gewürzmischung** Kreuzkümmelsamen, Pfefferkörner, Koriander- und Nigellasamen in der Pfanne ohne Fett unter ständigem Rühren anrösten, bis sie duften. Komplett auskühlen lassen und danach in einem Mixer oder einer Kaffeemühle fein mahlen.

3 Nuss- und Gewürzmischung mit Paprikapulver, Oregano und Fleur de Sel mischen.

4 In einem fest verschließbaren Glas können Sie diese Mischung mehrere Monate aufbewahren.

TIPP

Dukkah ist durch die gehackten und gerösteten Nüsse fein knusprig. Es passt zu Gemüsegerichten, Sie können es aber auch einfach auf ein frisches Tomatenbrot streuen.

Tahin

Zubereitungszeit: 10 Minuten plus Zeit zum Abkühlen

Dieses Rezept enthält:

1.803 kcal (7.457 kJ)	63 g Eiweiß
35 g Kohlenhydrate	149 g Fett

100 g enthalten:

599 kcal (2.478 kJ)	21 g Eiweiß
12 g Kohlenhydrate	50 g Fett

Zutaten für 300 g

300 g Sesamsamen
1 Prise Salz

Zubereitung

1 Sesamsamen in einer fettfreien Pfanne golden anrösten und danach komplett auskühlen lassen.

2 Erkaltete Sesamsamen sowie eine Prise Salz in einen leistungsfähigen Mixer geben und so lange mixen, bis ein cremiges, weiches Sesammus entstanden ist. Wenn die Masse während des Mixens am Gefäßrand hängen bleibt, den Mixer anhalten und mit einem Spatel das Mus nach unten zu den Klingen schieben.

3 Das Tahin hält sich in einem fest verschließbaren Glas im Kühlschrank einige Wochen.

TIPP

Durch die hohen Umdrehungen des Standmixers wird das Sesammus langsam erhitzt. Dies fördert zwar die Freisetzung der Öle, doch verringert hohe Hitze die Qualität des Sesammuses und zerstört wertvolle Inhaltsstoffe. Deshalb Tahin immer wieder zwischendurch im Behälter abkühlen lassen. Tahin dient als Basis für viele Gerichte, wie zum Beispiel Baba Ganoush (Seite 60) oder Hummus (Seite 78), und gibt vielen Dressings und Soßen eine cremige Konsistenz.

Gewürzmischung „Dönergewürz"

Zubereitungszeit: 10 Minuten plus Zeit zum Abkühlen

Dieses Rezept enthält:

459 kcal (1.915 kJ)	19 g Eiweiß
44 g Kohlenhydrate	17 g Fett

100 g enthalten:

367 kcal (1.531 kJ)	15 g Eiweiß
35 g Kohlenhydrate	14 g Fett

Zutaten für ca. 125 g

- 10 g Koriandersamen
- 10 g Bockshornkleesamen
- 5 g getrockneter Thymian
- 5 g Pimentkörner
- 5 g Pfefferkörner
- Chiliflocken (optional)
- 60 g Paprikapulver
- 20 g Kreuzkümmelpulver
- 10 g Currypulver

TIPP

Sie fragen sich, was ein Dönergewürz in der veganen Küche zu suchen hat? Diese feine Gewürzmischung passt nicht nur zu Fleisch, sondern auch hervorragend zu Currys und peppt den Tsatsiki auf.

Zubereitung

1 Koriander- und Bockshornkleesamen, Thymian, Pimentkörner, Pfefferkörner und wenn gewünscht Chiliflocken in einer fettfreien Pfanne anrösten, bis die Gewürze anfangen zu duften.

2 In eine Schüssel füllen und komplett auskühlen lassen. Danach in einem Mixer fein mahlen und mit Paprika-, Kreuzkümmel- und Currypulver mischen.

3 In einem fest verschließbaren Glas kann man diese Mischung mehrere Monate aufbewahren.

Tikka-Masala-Paste

Zubereitungszeit: 15 Minuten plus Zeit zum Abkühlen

Dieses Rezept enthält:

872 kcal (3.612 kJ)	11 g Eiweiß
40 g Kohlenhydrate	71 g Fett

100 g enthalten:

339 kcal (1.405 kJ)	4 g Eiweiß
16 g Kohlenhydrate	28 g Fett

Zutaten für ca. 250 g

2 TL Koriandersamen
2 TL Kreuzkümmelsamen
4 Knoblauchzehen
1 Stück Bio-Ingwer (4 cm)
2 EL Paprikapulver
4 TL Currypulver
1 TL Salz
4 EL Tomatenmark
2 EL getrocknete Kokosraspeln
10 Mandeln
ca. 4 EL Bio-Olivenöl, extra vergine (und mehr beim Mixen)
Wasser

Zubereitung

1 Koriander- und Kreuzkümmelsamen in einer fettfreien Pfanne anrösten, bis sie anfangen zu duften. In eine Schüssel füllen und komplett auskühlen lassen.

2 Zusammen mit den anderen Zutaten und 4 EL Öl im Standmixer oder der Küchenmaschine mixen. Wenn die Paste am Gefäßrand hängen bleibt, Maschine anhalten und die Masse mit einem Spatel nach unten schieben. Nach und nach Öl und einige Schuss Wasser hinzugeben, bis die Masse die Konsistenz einer seidigen Creme hat. Dabei nicht zu flüssig werden lassen.

3 Die Currypaste in ein Glas mit Schraubverschluss füllen und mit einer dünnen Schicht Öl versiegeln. Die Paste ist im Kühlschrank mehrere Wochen haltbar.

TIPP

Diese milde Currypaste gibt vielen Gerichten einen asiatischen Touch.

FRÜHSTÜCKE

Overnight Oats

Zubereitungszeit: 15 Minuten
Einweichzeit: über Nacht

Dieses Rezept enthält:

332 kcal (1.395 kJ)	6 g Eiweiß
48 g Kohlenhydrate	11 g Fett

100 g enthalten:

130 kcal (547 kJ)	3 g Eiweiß
19 g Kohlenhydrate	5 g Fett

Zutaten für 1 Glas (250 ml)

5 g Cashewkerne
5 g Mandeln
5 g Walnüsse
10 g Cranberrys
10 g Dattel
20 g zarte Haferflocken
1 kleiner Bio-Apfel
100 ml Hafermilch (evtl. etwas mehr)
Obst oder Beeren der Saison (optional)

Zubereitung

1 **Am Vortag** Nüsse und Trockenobst fein hacken und zusammen mit den Haferflocken in das Schraubglas geben. Den Apfel inklusive Schale reiben und ebenfalls in das Glas füllen.

2 Hafermilch hinzufügen, das Glas verschließen und über Nacht in den Kühlschrank stellen. Bitte nicht mehr als 100 ml Hafermilch hinzufügen, da die Haferflocken über Nacht aufquellen und das Glas sonst zu voll wird.

3 **Am Tag darauf** das Obst oder die Beeren waschen, evtl. in kleine Stücke schneiden und mit in das Glas geben. Gegebenenfalls mit Hafermilch auffüllen und genießen.

TIPP

Nüsse, Trockenobst und frisches Obst sind beliebig austauschbar. So können Sie sich ganz nach Geschmack Ihr individuelles Müsli kreieren.

Quinoa-Kokos-Porridge

Zubereitungszeit: 15 Minuten

Dieses Rezept enthält:

1.521 kcal (6.329 kJ)	21 g Eiweiß
123 g Kohlenhydrate	102 g Fett

Eine Portion enthält:

761 kcal (3.165 kJ)	10 g Eiweiß
61 g Kohlenhydrate	51 g Fett

Zutaten für 2 Portionen

- 350 ml Mandelmilch
- 400 ml Kokosmilch
- 1 Zimtstange
- 5 Kardamomkapseln
- Mark von ½ Vanilleschote
- 90 g Quinoa
- 1 EL Kokosblütenzucker
- Beeren der Saison (optional)

Zubereitung

1 Alle Zutaten in einen Topf geben und aufkochen lassen. Den Deckel auf den Topf legen und den Herd ausschalten. Porridge auf der heißen Herdplatte einige Minuten quellen lassen, bis es sämig ist.

2 Kardamomkapseln und Zimtstange aus dem Porridge fischen. Porridge auf Schalen verteilen und nach Belieben mit Beeren der Saison schön anrichten.

Erdnussbutter-Bananen-Porridge

Zubereitungszeit: 15 Minuten

Dieses Rezept enthält:

521 kcal (2.192 kJ)	13 g Eiweiß
83 g Kohlenhydrate	13 g Fett

100 g enthalten:

125 kcal (526 kJ)	3 g Eiweiß
20 g Kohlenhydrate	3 g Fett

Zutaten für 1 Portion

- 1 Banane
- 2 Datteln
- 240 ml Hafermilch
- 1 EL Erdnussbutter (zuckerfrei)
- 60 g Haferflocken
- ½ TL Zimtpulver
- 1 Prise Salz
- Beeren der Saison (optional)
- Nüsse, gehackt (optional)

Zubereitung

1 Die Banane in Scheiben schneiden und Datteln hacken. Beides mit Hafermilch und Erdnussbutter in einen kleinen Topf geben und unter Rühren erhitzen. Die Erdnussbutter sollte sich aufgelöst haben.

2 Haferflocken, Zimt und Salz hinzufügen. Zum Kochen bringen und den Topf von der Herdplatte ziehen. Unter gelegentlichem Rühren bis zur gewünschten Konsistenz quellen lassen.

3 Porridge in eine Schale füllen und nach Belieben mit Beeren der Saison und gehackten Nüssen bestreuen.

Herbst-Granola

Zubereitungszeit: 20 Minuten
Trockenzeit im Ofen: 15 Minuten

Dieses Rezept enthält:

1.831 kcal (7.657 kJ)	35 g Eiweiß
206 g Kohlenhydrate	92 g Fett

100 g enthalten:

454 kcal (1.900 kJ)	9 g Eiweiß
51 g Kohlenhydrate	23 g Fett

Zutaten für 1 Glas (400 g)

- 60 g Haselnüsse
- 60 g getrocknete Cranberrys
- 100 g Haferflocken
- 50 g Vollkorndinkelflocken
- 30 g Quinoa, gepufft
- 1 TL Zimtpulver
- 50 g Ahornsirup
- 50 g Kokosöl

Zubereitung

1 Den Backofen auf 140 °C Umluft vorheizen. Haselnüsse und Cranberrys klein hacken und mit Haferflocken, Dinkelflocken, Quinoa und Zimt in eine Schüssel geben. Alles miteinander vermischen.

2 In einem kleinen Topf Ahornsirup und Kokosöl unter ständigem Rühren sanft erhitzen, bis alles geschmolzen und gut vermischt ist. Über die trockenen Zutaten geben und unterheben bis alles von der Süße gut umhüllt ist.

3 Die Masse auf einem mit Backpapier ausgelegten Backblech verteilen und ca. 15 Minuten im Backofen trocknen. Es sollte nicht verbrennen. Das Granola aus dem Ofen nehmen und abkühlen lassen. Erst jetzt wird es fest.

4 Nach dem völligen Erkalten zerbröseln und in gut verschließbare Gläser füllen. Es hält sich dort mehrere Monate.

TIPP

Mit etwas Hafermilch oder Mandelmilch und frischen Früchten oder Obst der Saison gemischt, ist das Herbst-Granola ein leckeres basenüberschüssiges Frühstück. Sie können es aber auch gut als crunchiges Topping für Süßspeisen nehmen.

Avocado-Tomaten-Schnittchen

Zubereitungszeit: 15 Minuten

Dieses Rezept enthält:

566 kcal (2.357 kJ)	14 g Eiweiß
51 g Kohlenhydrate	30 g Fett

100 g enthalten:

87 kcal (361 kJ)	2 g Eiweiß
8 g Kohlenhydrate	5 g Fett

Zutaten für 1 Person

½ reife Avocado
½ Chilischote (optional)
½ Frühlingszwiebel
Salz, Pfeffer
½ TL frisch gepresster Zitronensaft
6 vollreife Datteltomaten
3 Scheiben „Hans-Jürgens basenüberschüssiges" Brot à 45 g (Seite 172)
1 Handvoll Sprossen oder Kresse
Sesamsamen

Zubereitung

1 Avocado halbieren und den Kern entfernen. Eine Hälfte in einer gut verschließbaren Dose im Kühlschrank lagern.

2 Chilischote und Frühlingszwiebel in feine Ringe schneiden. Die halbe Avocado schälen. Ein Viertel in dünne Scheiben schneiden, das andere Viertel zerdrücken und mit Salz und Pfeffer würzen. Avocadoscheiben und -mus mit Zitronensaft beträufeln. Die Datteltomaten in Scheibchen schneiden.

3 Die drei Brotscheiben wie folgt belegen: Eine Scheibe fächerartig mit den Avocadoscheiben belegen und mit Chiliringen, Salz und Sesam bestreuen. Eine weitere Scheibe mit Tomatenscheiben belegen, mit Salz und Pfeffer würzen und mit frischen Sprossen oder Kresse garnieren. Die dritte Scheibe mit Avocadomus bestreichen und mit Tomatenscheiben und Frühlingszwiebeln garnieren.

Früchte-Power-Smoothie

Zubereitungszeit: 5 Minuten

Dieses Rezept enthält:

345 kcal (1.446 kJ)	15 g Eiweiß
51 g Kohlenhydrate	4 g Fett

Ein Glas enthält:

172 kcal (723 kJ)	7 g Eiweiß
25 g Kohlenhydrate	2 g Fett

TIPP

Es ist wichtig, nach dem Genuss des Smoothies viel Wasser zu trinken, da die Flohsamenschalen im Darm nachquellen. Beeren und Obst sind beliebig austauschbar. Und warum nicht auch mal Spinat oder Feldsalat mit dazugeben? Lassen Sie Ihrer Fantasie freien Lauf!

Zutaten für 2 Gläser à 500 ml

- 1 Saftorange
- 1 überreife Banane
- 200 g TK-Beeren (z. B. Erdbeeren, Johannisbeeren, Himbeeren)
- ½ TL Chlorella-Algen-Pulver
- 1 EL Gerstengraspulver
- 1 EL Flohsamenschalen
- 2 EL Süßlupinenmehl
- 1 TL Zitronensaft
- 400 ml Wasser

Zubereitung

1 Orange und Banane schälen. Alle Zutaten in einen leistungsfähigen Mixer geben und zu einem samtenen Smoothie mixen.

2 Sofort trinken, denn durch die Flohsamenschalen quillt der Smoothie in kurzer Zeit enorm nach. Ist er zu fest geworden, kann man ihn mit einem Löffel genießen oder mit etwas Wasser verdünnen.

DRESSINGS UND DIPS

Baba Ganoush (Hazilim)

Zubereitungszeit: 15 Minuten
Backzeit: 30 Minuten

Dieses Rezept enthält:

207 kcal (863 kJ)	11 g Eiweiß
15 g Kohlenhydrate	9 g Fett

Eine Portion enthält:

104 kcal (431 kJ)	5 g Eiweiß
8 g Kohlenhydrate	4 g Fett

Zutaten für 2 Portionen

- 1 große Aubergine
- 1 TL Tahin (Seite 48)
- 1–2 TL Zitronensaft (nach Geschmack)
- 1 Stück Bio-Ingwer (2 cm)
- 1 Knoblauchzehe
- Salz, Pfeffer
- ½ Bund Petersilie

Zubereitung

1 Den Backofen auf 180 °C Umluft vorheizen.

2 Die Aubergine auf ein mit Backpapier ausgelegtes Backblech legen, mit einem Messer mehrere Male einstechen und 20–30 Minuten im Ofen backen, bis die Haut komplett schwarz ist und sich papierartig anfühlt. Aus dem Ofen nehmen und abkühlen lassen. Die Aubergine halbieren, das Fruchtfleisch herauslöffeln und fein hacken.

3 Tahin und Zitronensaft dazugeben. Ingwer fein reiben, Knoblauch zerdrücken, beides ebenfalls zu den Auberginen geben und alles gut verrühren. Mit Salz und Pfeffer würzen. Petersilie hacken und über das Baba Ganoush streuen.

TIPP

Es wird in Israel und im ganzen vorderen Orient gerne gesessen, dazu passt „Hans-Jürgens basenüberschüssiges Brot" (Seite 172) und Hummus (Seite 78).

Tomatencreme

Zubereitungszeit: 15 Minuten

Dieses Rezept enthält:

1.191 kcal (4.947 kJ)	28 g Eiweiß
75 g Kohlenhydrate	80 g Fett

Eine Portion enthält:

207 kcal (859 kJ)	5 g Eiweiß
13 g Kohlenhydrate	14 g Fett

Zutaten für ca. 600 g

180 g in Öl eingelegte, getrocknete Tomaten (Abtropfgewicht)
1 Zwiebel
1 Tomate
100 g Cashewkerne
10 grüne Oliven
1 Knoblauchzehe
2 EL Tomatenmark
1 EL Olivenöl
1 EL Oregano, getrocknet
50 ml Wasser
Salz, Pfeffer

Zubereitung

1 Alle Zutaten in den Mixer geben und zu einer glatten Paste mixen. Sollte die Creme zu dick sein, einfach ein wenig Wasser hinzufügen. Mit Salz und Pfeffer abschmecken. Die Creme sollte streichfähig sein.

2 Reste halten sich in einem gut verschließbaren Glas im Kühlschrank mehrere Tage.

TIPP

Die Tomatencreme ist ein leckerer Brotbelag, kann aber auch als Dip oder warm als Nudelsoße verwendet werden.

Apfelchutney

Zubereitungszeit: 20 Minuten
Reduktionszeit: 15–20 Minuten

Dieses Rezept enthält:

1.110 kcal (4.664 kJ)	5 g Eiweiß
187 g Kohlenhydrate	33 g Fett

100 g enthalten:

92 kcal (386 kJ)	1 g Eiweiß
15 g Kohlenhydrate	3 g Fett

Zutaten für 800 g

1 kg Äpfel, säuerlich (z. B. Braeburn)
2 Chilischoten
3 EL Sonnenblumenöl
1 TL Kurkumapulver
1 TL Kreuzkümmelpulver
3 EL Kokosblütenzucker
2 EL Zitronensaft
100 ml Wasser
Salz

Zubereitung

1 Äpfel schälen und Kerngehäuse entfernen. Äpfel vierteln und in dünne Scheiben schneiden. Chilischoten halbieren, Scheidewände und Kerne entfernen. Chili in feine Stücke hacken. Wer es besonders scharf will, lässt die Scheidewände und Kerne in der Schote.

2 Das Öl erhitzen. Gehackte Chili zusammen mit Kurkuma- und Kreuzkümmelpulver eine Minute unter ständigem Rühren anbraten. Die Apfelscheiben dazugeben und einige Minuten dünsten. Wasser dazugeben, zudecken und bei schwacher Hitze 5 Minuten köcheln lassen.

3 Zucker, Zitronensaft und Salz hinzugeben und das Chutney bei mittlerer Hitze bis zur gewünschten Konsistenz einkochen lassen. Dabei ab und zu umrühren.

4 Das Chutney in Gläser füllen und luftdicht verschließen. Es hält sich ein bis zwei Wochen im Kühlschrank.

TIPP

Das Chutney schmeckt zu allen gebratenen oder orientalischen Speisen als side dish.

Mangochutney

Zubereitungszeit: 20 Minuten
Reduktionszeit: 30 Minuten

Dieses Rezept enthält:

564 kcal (2.362 kJ)	5 g Eiweiß
78 g Kohlenhydrate	24 g Fett

100 g enthalten:

98 kcal (411 kJ)	1 g Eiweiß
14 g Kohlenhydrate	4 g Fett

Zutaten für 400 g

1 rote Zwiebel
1 Mango
1 rote Chilischote
1 TL Kreuzkümmelsamen
1 TL Koriandersamenpulver
1 EL Sonnenblumenöl
200 ml Wasser
1 TL Senfsamen
½ TL Kurkumapulver
3 EL Kokosblütenzucker
1 TL Zitronensaft
½–1 TL Salz

Zubereitung

1 Zwiebel abziehen und fein würfeln. Mango schälen, vom Stein befreien und das Fruchtfleisch in kleine Würfel schneiden. Chili halbieren, Scheidewände und Kerne entfernen, Chilischote in feine Stücke hacken. Wer es scharf mag, lässt die Scheidewände und Kerne in der Chili.

2 Kreuzkümmel- und Koriandersamen in einem Mörser fein zerreiben.

3 Zwiebelwürfel im Sonnenblumenöl anbraten. Mango, Chili, Wasser, Senfsamen, Kurkumapulver, Kokosblütenzucker, Kreuzkümmel- und Koriandersamenpulver, Zitronensaft und Salz hinzufügen. Gut durchrühren und auf kleiner Flamme ca. 30 Minuten köcheln lassen. Dabei dickt die Masse ein. Ab und zu umrühren.

4 Das fertige Chutney in Gläser füllen und luftdicht verschließen. Es hält sich ein bis zwei Wochen im Kühlschrank.

TIPP

Das Chutney schmeckt zu Brot, zu Bratlingen und kann auch als Salatdressing verwendet werden. Dazu einfach ein wenig mit Wasser verdünnen.

Tomatenchutney

Zubereitungszeit: 20 Minuten
Reduktionszeit: 15–30 Minuten

Dieses Rezept enthält:

555 kcal (2.327 kJ)	9 g Eiweiß
76 g Kohlenhydrate	22 g Fett

100 g enthalten:

74 kcal (308 kJ)	1 g Eiweiß
10 g Kohlenhydrate	3 g Fett

Zutaten für 600 g

- 500 g vollreife Tomaten
- 2 Zwiebeln
- 2 Knoblauchzehen
- 1 rote Chilischote
- 1 Stück Bio-Ingwer (2 cm)
- 2 EL Sonnenblumenöl
- 50 g Kokosblütenzucker
- ½ TL Kreuzkümmelpulver
- ½ TL Salz

Zubereitung

1 Die Tomaten von den Stielansätzen befreien und in kleine Würfel schneiden. Zwiebeln und Knoblauch abziehen. Zwiebeln in kleine Würfel schneiden, den Knoblauch fein hacken. Chilischote halbieren, Scheidewände und Kerne entfernen, Chili in feine Stücke hacken. Wer es besonders scharf will, lässt die Scheidewände und Kerne in der Schote. Ingwer auf einer Reibe fein reiben.

2 Das Öl in einem Topf erhitzen. Zwiebeln, Ingwer, Chili und Knoblauch hineingeben und glasig anbraten. Tomaten, Zucker, Kreuzkümmelpulver und Salz hinzufügen. Das Chutney nun auf kleiner Flamme so lange einkochen, bis es eine dicke Konsistenz hat, ähnlich wie Ketchup. Dies dauert ca. 15–30 Minuten, je nachdem wie viel Wasser die Tomaten eingelagert haben.

3 Das Chutney in Gläser füllen und luftdicht verschließen. Es hält sich ein bis zwei Wochen im Kühlschrank.

TIPP

Das Tomatenchutney schmeckt toll zur Brokkoli-Frühlingszwiebel-Quiche (Seite 150) oder zu den Maaqouda-Bratlingen (Seite 134).

Dattel-Ananas-Dressing

Zubereitungszeit: 15 Minuten

Dieses Rezept enthält:

872 kcal (kJ 3.600)	2 g Eiweiß
28 g Kohlenhydrate	84 g Fett

100 g enthalten:

326 kcal (kJ 1.343)	1 g Eiweiß
10 g Kohlenhydrate	31 g Fett

Zutaten für 270 g

- 100 g frische geschälte Ananas
- 3 Datteln ohne Kern
- 6 EL Olivenöl, extra vergine
- 2 EL Apfelessig
- Saft von ½ Zitrone
- 1 EL Wasser
- 1 ½ TL Senf
- Salz, Pfeffer
- 1 Msp. Chilipulver (optional)

Zubereitung

1 Ananasfruchtfleisch zusammen mit allen anderen Zutaten in einen Hochleistungsmixer geben und zu einem glatten, cremigen Dressing mixen.

2 Das Dressing in Gläser füllen und luftdicht verschließen. Es hält sich ca. eine Woche im Kühlschrank.

TIPP

Dieses Dressing passt zu allen Salaten, kann aber auch als Marinade über heiße Kartoffeln oder Reis gegeben werden. Dies gibt vielen Speisen den richtigen Kick.

Birnen-Tomatenchutney-Dressing

Zubereitungszeit: 5 Minuten

Dieses Rezept enthält:

573 kcal (2.359 kJ)	1 g Eiweiß
5 g Kohlenhydrate	61 g Fett

100 g enthalten:

424 kcal (1.747 kJ)	1 g Eiweiß
4 g Kohlenhydrate	45 g Fett

Zutaten für 3–4 Portionen

- 4 EL Olivenöl
- 2 EL Birnensaft
- 2 TL Tomatenchutney (Seite 65)
- 1 TL Senf
- 1 TL Leinöl
- 2 EL Bio-Apfelessig, naturtrüb
- 1 Prise Salz

Zubereitung

1 Alle Zutaten zusammen mit einem Schneebesen oder einem Mixer zu einem homogenen Dressing kombinieren.

2 Das Chutney-Dressing in Gläser füllen und luftdicht verschließen. Es hält sich ein bis zwei Wochen im Kühlschrank.

TIPP

Das Birnen-Tomatenchutney-Dressing verleiht Salaten eine fruchtige Note.

Dattel-Apfel-Senf

Zubereitungszeit: 30 Minuten
Ziehzeit: mindestens 3 Tage

Dieses Rezept enthält:

1.268 kcal (5.301 kJ)	52 g Eiweiß
120 g Kohlenhydrate	59 g Fett

10 g enthalten:

17 kcal (70 kJ)	1 g Eiweiß
2 g Kohlenhydrate	1 g Fett

Zutaten für 700 g

- 200 g Senfkörner
- 1 Apfel
- 10 Soft-Datteln ohne Kern
- ½ TL Salz
- 100 ml Wasser
- 275 ml Apfelessig
- ½ TL Kurkumapulver

Zubereitung

1 Die Senfkörner im Mixer zu Pulver mahlen. Den Apfel schälen, das Kerngehäuse entfernen und den Apfel fein reiben. Die Datteln fein pürieren. Sie dienen als Zuckerersatz.

2 Wasser mit Salz und Apfelessig kurz aufkochen, dann auf Zimmertemperatur abkühlen lassen. Das Salz sollte sich aufgelöst haben. Das Wassergemisch muss unbedingt abkühlen, da die Hitze sonst zu viele Senföle freisetzt und der Senf unsagbar scharf wird.

3 Senfmehl und Kurkumapulver miteinander vermischen. Den Apfel und die Datteln dazugeben und das Wassergemisch darüberschütten. Alles mit einem Pürierstab mixen, bis eine glatte Masse entsteht.

4 Den Senf in saubere Gläser abfüllen, gut verschließen und drei bis zehn Tage im Kühlschrank ziehen lassen. Er verliert dort einen Teil seiner Schärfe.

TIPP

Sie können auch Kräuter wie Bärlauch, Rosmarin oder Oregano unter den Senf mischen. Wenn Sie es besonders scharf mögen, rühren Sie noch ein wenig gehackte Chilischote oder Wasabi unter. Gelbe Senfkörner sind in der Regel milder als die braunen – die äußerst scharf sein können!

Mayonnaise

Zubereitungszeit: 10 Minuten

Dieses Rezept enthält:

2.261 kcal (9.299 kJ)	1 g Eiweiß
4 g Kohlenhydrate	249 g Fett

100 g enthalten:

517 kcal (2.126 kJ)	0 g Eiweiß
1 g Kohlenhydrate	57 g Fett

Zutaten für 430 g

- 2 EL weißes Mandelmus
- 1 EL Senf
- 150 ml Wasser
- ½ TL Salz, Pfeffer
- 1 Knoblauchzehe (optional)
- Saft von ½ Zitrone
- 250 ml Sonnenblumenöl

Zubereitung

1 Wichtig: Alle Zutaten müssen zimmerwarm sein. Bis auf das Öl alle Zutaten in den Standmixer geben und für ca. 10 Sekunden auf niedrigster Stufe mixen. Den Mixer auf kleinster Stufe weiterlaufen lassen und das Öl in einem dünnen Strahl langsam einfließen lassen. Sollte die Mayonnaise zu flüssig sein, einfach für eine Stunde in den Kühlschrank stellen. Sie dickt dort nach und wird fest.

2 Die Mayonnaise hält sich in einem luftdicht verschlossenen Gefäß mehrere Tage im Kühlschrank.

TIPP

Sie können auch braunes Mandelmus nehmen – dann hat die Mayonnaise ein paar braune Pünktchen.

Sumach-Tahin-Dressing

Zubereitungszeit: 5 Minuten

Dieses Rezept enthält:

271 kcal (1.126 kJ)	11 g Eiweiß
7 g Kohlenhydrate	22 g Fett

100 g enthalten:

221 kcal (915 kJ)	9 g Eiweiß
5 g Kohlenhydrate	18 g Fett

Zutaten für 120 g

- 1 Knoblauchzehe
- 40 g Tahin (Seite 48)
- 4 EL heißes Wasser
- 3 EL Zitronensaft
- 1 TL Sumach
- Salz

Zubereitung

1 Knoblauchzehe schälen und durch die Presse drücken. Tahin in eine Schüssel geben und mit heißem Wasser glattrühren. Zitronensaft, Sumach und Knoblauch hinzufügen und gut verrühren. Mit Salz abschmecken.

2 Das Dressing in ein fest verschließbares Glas füllen, es hält sich einige Tage im Kühlschrank.

TIPP

Wenn man Tahin mit heißem Wasser verrührt, wird es erst klumpig und „krisselig". Einfach weiter rühren, nach kurzer Zeit wird die Masse glatt und seidig. Das Dressing passt zu gebratenen Auberginen, zu Salaten und zu Bratlingen.

Remoulade

Zubereitungszeit: 15 Minuten

Dieses Rezept enthält:

892 kcal (3.680 kJ)	5 g Eiweiß
20 g Kohlenhydrate	87 g Fett

100 g enthalten:

171 kcal (704 kJ)	1 g Eiweiß
4 g Kohlenhydrate	17 g Fett

Zutaten für 500 g

- 5 Frühlingszwiebeln
- ½ Päckchen Kresse
- 100 g Salzgurken
- 60 g Kapern
- ½ rote Chilischote (optional)
- 150 g Mayonnaise (Seite 70)
- Salz, Pfeffer
- 1 TL Zitronensaft

Zubereitung

1 Frühlingszwiebeln in feine Röllchen schneiden. Kresse, Salzgurken und Kapern sehr fein hacken. Chilischote der Länge nach halbieren, Scheidewände und Samen entfernen und Chilischote ebenfalls sehr fein hacken.

2 Frühlingszwiebeln, Kresse, Salzgurken, Kapern, Chili und Mayonnaise in eine Schüssel geben und gut miteinander verrühren. Mit Salz, Pfeffer und Zitronensaft würzen.

3 Die fertige Remoulade in Gläser füllen und luftdicht verschließen. Sie hält sich mehrere Tage im Kühlschrank.

TIPP

Die Remoulade passt zu Bratlingen, Salaten oder einfach nur als Aufstrich auf basenüberschüssigem Brot.

Mandelmusdressing

Zubereitungszeit: 5 Minuten

Dieses Rezept enthält:

549 kcal (2.261 kJ)	2 g Eiweiß
6 g Kohlenhydrate	58 g Fett

100 g enthalten:

298 kcal (1.229 kJ)	1 g Eiweiß
3 g Kohlenhydrate	31 g Fett

Zutaten für 180 g

6 EL Sesamöl
5 EL Apfelessig
4 EL Mandelmus (Seite 44)
4 EL Wasser
1 TL Zitronensaft
2 kleine Knoblauchzehen (optional)
Salz, Pfeffer

Zubereitung

Alle Zutaten in den Mixer geben und zu einem seidigen Dressing mixen. Mit Salz und Pfeffer abschmecken. Sollte das Dressing zu dick sein, kann es mit etwas Wasser flüssiger gemacht werden. Dann allerdings erneut abschmecken.

TIPP

Das Dressing passt zu groben Salaten wie dem Winter Slaw (Seite 96) oder als Dip zum Beispiel zu den Kartoffelrösti-Wraps (Seite 140).

Bärlauchmayonnaise

Zubereitungszeit: 10 Minuten

Dieses Rezept enthält:

2.287 kcal (9.407 kJ)	2 g Eiweiß
7 g Kohlenhydrate	250 g Fett

100 g enthalten:

419 kcal (1.721 kJ)	1 g Eiweiß
1 g Kohlenhydrate	46 g Fett

Zutaten für 540 g

1 großes Bund Bärlauch
2 EL weißes Mandelmus
1 EL Senf
150 ml Wasser
½ TL Salz, Pfeffer
1 Knoblauchzehe (optional)
Saft von ½ Zitrone
250 ml Sonnenblumenöl

Zubereitung

1 Wichtig: Alle Zutaten müssen zimmerwarm sein. Den Bärlauch waschen, trocknen und grob hacken. Bis auf das Öl und den Bärlauch alle Zutaten in den Standmixer geben und ca. 10 Sekunden auf niedrigster Stufe mixen. Den Mixer auf kleinster Stufe weiterlaufen lassen und das Öl in einem dünnen Strahl langsam einfließen lassen. Danach in kleinen Portionen den Bärlauch dazugeben und weitermixen, bis man eine leuchtend grüne Mayonnaise vor sich hat.

2 Die Mayonnaise hält sich in einem luftdicht verschlossenen Gefäß mehrere Tage im Kühlschrank.

Sour Cream

Zubereitungszeit: 5 Minuten
Einweichzeit: über Nacht

Dieses Rezept enthält:

946 kcal (3.929 kJ)	23 g Eiweiß
52 g Kohlenhydrate	71 g Fett

100 g enthalten:

303 kcal (1.257 kJ)	7 g Eiweiß
17 g Kohlenhydrate	23 g Fett

Zutaten für 300 g

150 g ungesalzene Cashewkerne
2–3 EL Zitronensaft
1 TL Apfelessig
1 Knoblauchzehe
Salz, Pfeffer
125 ml Wasser

Zubereitung

1 **Am Vortag** die Cashewkerne in viel Wasser einweichen.

2 **Am Tag darauf** den Knoblauch schälen und durch die Presse drücken. Die Cashewkerne abgießen und mit Zitronensaft, Apfelessig, Knoblauch, Salz, Pfeffer und 125 ml Wasser in einen Mixer geben und pürieren. Zwischendurch immer mal wieder die Konsistenz prüfen. Sollte die Sour Creme noch zu „krisselig" sein, einfach weitermixen, bis sie weich und samtig ist.

TIPP

Die Sour Cream passt als Dip zu Bratlingen oder frittierten Zwiebelringen (Seite 182).

Sour-Cream-Dressing

Zubereitungszeit: 5 Minuten

Dieses Rezept enthält:

434 kcal (1.799 kJ)	8 g Eiweiß
18 g Kohlenhydrate	37 g Fett

100 g enthalten:

234 kcal (970 kJ)	4 g Eiweiß
10 g Kohlenhydrate	20 g Fett

Zutaten für 180 g

3 EL frische Kräuter, gehackt (Dill, glatte Petersilie, Schnittlauch)
5 EL Sour Cream (Seite 74)
Saft von ½ Zitrone
1 EL Olivenöl, extra vergine
½ TL Salz, Pfeffer

Zubereitung

1 Die Kräuter mit allen anderen Zutaten mischen. Ist das Dressing zu dickflüssig, etwas Wasser zugeben und noch mal abschmecken.

2 In ein fest verschließbares Glas füllen. Das Dressing hält sich ein bis zwei Wochen im Kühlschrank.

Bärlauchdressing

Zubereitungszeit: 5 Minuten

Dieses Rezept enthält:

1.173 kcal (4.832 kJ)	2 g Eiweiß
18 g Kohlenhydrate	121 g Fett

100 g enthalten:

288 kcal (1.187 kJ)	1 g Eiweiß
4 g Kohlenhydrate	30 g Fett

Zutaten für 400 g

1 Bund Bärlauch
10 ml Leinöl
160 ml Orangensaft, frisch gepresst
120 ml Olivenöl, extra vergine
Saft von ½–1 Zitrone
Salz, Pfeffer

Zubereitung

Bärlauch waschen, trocknen und grob hacken. In einen Standmixer geben und zusammen mit allen anderen Zutaten zu einem cremigen Dressing mixen.

TIPP

Bärlauch schmeckt frisch und aromatisch, ähnlich wie Knoblauch, aber etwas milder. Die Mayonnaise und das Dressing passen zu gegrilltem Gemüse oder als geschmackliche Ergänzung in einer leckeren Bowl.

Zitronen-Aioli

Zubereitungszeit: 10 Minuten

Dieses Rezept enthält:

2.295 kcal (9.440 kJ)	3 g Eiweiß
10 g Kohlenhydrate	249 g Fett

100 g enthalten:

506 kcal (2.082 kJ)	1 g Eiweiß
2 g Kohlenhydrate	55 g Fett

Zutaten für 450 g

- 2 EL Mandelmus
- 1 gestr. EL Senf
- 150 ml Wasser
- ½ TL Salz, Pfeffer
- 4 Knoblauchzehen
- Saft und Abrieb von ½ Zitrone
- 250 ml Sonnenblumenöl

Zubereitung

1 Wichtig: Alle Zutaten müssen zimmerwarm sein. Bis auf das Öl sämtliche Zutaten in den Standmixer geben und ca. 10 Sekunden auf niedrigster Stufe mixen. Den Mixer auf kleinster Stufe weiterlaufen lassen und das Öl in einem dünnen Strahl langsam einfließen lassen. Sollte die Mayonnaise zu flüssig sein, einfach für eine Stunde in den Kühlschrank stellen. Sie dickt dort nach und wird fester.

2 Die Mayonnaise hält sich in einem luftdicht verschlossenen Gefäß mehrere Tage im Kühlschrank.

Hummus

Zubereitungszeit: 10 Minuten

Dieses Rezept enthält:

694 kcal (2.886 kJ)	26 g Eiweiß
38 g Kohlenhydrate	46 g Fett

100 g enthalten:

174 kcal (722 kJ)	6 g Eiweiß
10 g Kohlenhydrate	12 g Fett

Zutaten für 400 g

- 240 g Kichererbsen, gegart
- 1 große Knoblauchzehe
- 1 große Prise Kreuzkümmelpulver
- 75 ml Wasser
- 50 g Tahin (Seite 48)
- Saft von ½ großen Zitrone
- Salz
- 1 großer Schuss Olivenöl, extra vergine

Zubereitung

1 Ein paar Kichererbsen zum Garnieren beiseitestellen. Kichererbsen, abgezogenen Knoblauch, Kreuzkümmelpulver, Wasser und Tahin mit dem Mixstab fein pürieren. Wenn die Masse zu fest ist, noch etwas Wasser zugeben. Der Hummus sollte eine breiige Konsistenz haben. Mit Zitronensaft und Salz würzen.

2 Hummus auf einem Teller mit Olivenöl und den separierten Kichererbsen anrichten.

TIPP

Hummus passt als Dip zu Bratlingen. Mit ein wenig Wasser verdünnt ist es aber auch ein geniales Dressing für Linsennudeln.

Weiße-Bohnen-Hummus

Zubereitungszeit: 10 Minuten

Dieses Rezept enthält:

1.430 kcal (5.927 kJ)	44 g Eiweiß
49 g Kohlenhydrate	114 g Fett

Eine Portion enthält:

715 kcal (2.964 kJ)	22 g Eiweiß
25 g Kohlenhydrate	57 g Fett

Zutaten für 2 Portionen als Vorspeise

- 1 Handvoll Walnüsse
- Abgeriebene Schale ½ Bio-Zitrone
- 3 EL Zitronensaft
- 3 Radieschen
- 1 Knoblauchzehe
- 240 g weiße Bohnen, gegart
- 90 g Tahin (Seite 48)
- 2 EL Olivenöl, extra vergine
- 30 ml Wasser
- Salz, Pfeffer
- 2–3 EL Kresse (optional)
- 1 EL Olivenöl

Zubereitung

1 Einige Walnüsse zur Seite legen, den Rest grob hacken. Die gelbe Schale der Zitrone abreiben. Anschließend die Zitrone auspressen. Radieschen putzen und in dünne Scheiben hobeln.

2 Die ungeschälte Knoblauchzehe in einer beschichteten Pfanne ohne Öl ca. 5 Minuten anrösten. Sie sollte nicht zu dunkel werden. Walnüsse dazugeben und weitere 2–3 Minuten mitrösten. Abkühlen lassen. Knoblauch aus der Schale drücken.

3 Bohnen zusammen mit Knoblauch, 3 EL Zitronensaft, Zitronenabrieb, Tahin und Wasser in einem Mixer zu einer homogenen Masse mixen. Wenn sie zu dick ist, etwas mehr Wasser zugeben. Olivenöl untermischen und mit Salz und Pfeffer würzen.

4 Hummus auf einen Teller geben und mit Radieschen, Walnüssen und Kresse garnieren. Mit Olivenöl beträufeln.

Tsatsiki

Zubereitungszeit: 15 Minuten
Einweichzeit: über Nacht

Dieses Rezept enthält:

1.250 kcal (5.183 kJ)	49 g Eiweiß
35 g Kohlenhydrate	99 g Fett

100 g enthalten:

134 kcal (557 kJ)	5 g Eiweiß
4 g Kohlenhydrate	11 g Fett

Zutaten für 800 g

200 g Sonnenblumenkerne
100–200 ml Wasser
Saft von 1–1 ½ großen Zitronen
1 Knoblauchzehe
Salz, Pfeffer
1 Salatgurke
1 Frühlingszwiebel

Zubereitung

1 Am Vortag die Sonnenblumenkerne ca. 8 Stunden in Wasser einweichen.

2 Am Tag darauf Knoblauch schälen. Sonnenblumenkerne abgießen und mit ca. 100–200 ml Wasser, Zitronensaft und Knoblauch im Standmixer auf höchster Stufe zu einer feinen Creme pürieren. Die Masse wechselt ihre Farbe von grau zu weiß, sie darf nicht zu flüssig werden.

3 Die Salatgurke waschen, halbieren und mit einem Löffel die Kerne herauskratzen. Das Gurkenfleisch in feine Würfel schneiden oder raspeln. Die Frühlingszwiebel putzen und in feine Ringe schneiden. Gurke und Frühlingszwiebel unter das Tsatsiki mischen und mit Salz und Pfeffer abschmecken.

TIPP

Werfen Sie die Gurkenkerne nicht weg! Geben Sie sie einfach mit in Ihren Smoothie und pürieren diesen glatt.

Zough

Zubereitungszeit: 15 Minuten

Dieses Rezept enthält:

455 kcal (1.874 kJ)	4 g Eiweiß
8 g Kohlenhydrate	42 g Fett

100 g enthalten:

313 kcal (1.288 kJ)	2 g Eiweiß
5 g Kohlenhydrate	29 g Fett

Zutaten für 150 g

- 40 g frischer Koriander
- 40 g Petersilie
- 2 grüne Chilischoten
- 1 Knoblauchzehe
- 3 EL Bio-Olivenöl, extra vergine
- ½ TL Kreuzkümmelpulver
- ¼ TL Korianderpulver
- 1 Prise Salz

Zubereitung

1 Korianderblätter und Petersilienblätter abzupfen und grob zerkleinern. Chilischoten putzen, Kerne und Scheidewände entfernen. Sämtliche Zutaten mit dem Pürierstab zu einem glatten Brei mixen. Falls der Brei zu dick wird, mit etwas Wasser verdünnen.

2 Wer das Zough gerne schärfer haben möchte, lässt die Samen und die Scheidewände in der Chilischote.

TIPP

Zough passt sehr gut zu Falafel, als Topping, zu Suppen oder als Dip.

SALATE

Brokkolisalat

Zubereitungszeit: 20 Minuten

Dieses Rezept enthält:

1.807 kcal (7.481 kJ)	35 g Eiweiß
78 g Kohlenhydrate	142 g Fett

Eine Portion enthält:

452 kcal (1.870 kJ)	9 g Eiweiß
19 g Kohlenhydrate	36 g Fett

Zutaten für 4 Portionen

1 rote Paprika
2 gelbe Paprika
1 Apfel (z. B. Braeburn)
200 g Brokkoli
100 g ungeschälte Mandeln
3 Frühlingszwiebeln

Für das Dressing

6 EL Olivenöl, extra vergine
2 EL Apfelessig
Saft von ½ Zitrone
1 EL Ahornsirup
2 TL Senf
Salz, Pfeffer

Zubereitung

1 Paprikaschoten waschen, putzen und in kleine Würfel schneiden. Apfel waschen (nicht schälen), entkernen und ebenfalls klein würfeln. Brokkoli waschen, putzen und sehr klein schneiden. Mandeln fein hacken. Frühlingszwiebeln putzen und in feine Ringe schneiden. Alles in eine Schüssel füllen und mischen.

2 Olivenöl, Apfelessig, Zitronensaft, Ahornsirup, Senf, Salz und Pfeffer zu einem Dressing verrühren. Dressing über den Salat geben und gut mischen.

Rote-Bete-Zucchini-Türmchen

Zubereitungszeit: ca. 20 Minuten
Kochzeit: 30 Minuten

Dieses Rezept enthält:

872 kcal (3.660 kJ)	53 g Eiweiß
100 g Kohlenhydrate	21 g Fett

Eine Portion enthält:

436 kcal (1.830 kJ)	26 g Eiweiß
50 g Kohlenhydrate	11 g Fett

Zutaten für 2 Vorspeisenteller

2 rote Bete (ca. 135 g pro Knolle)
2 Zucchini
Salz
Chiliflocken
Sonnenblumenöl
120 g Belugalinsen, gegart
120 g Kichererbsen, gegart
Sumach-Tahin-Dressing (Seite 70)

Zubereitung

1 Rote Bete in Salzwasser ca. 30 Minuten al dente kochen. Abschrecken, schälen und in ½ cm dicke Scheiben schneiden. Zucchini waschen und ebenfalls in ½ cm dicke Scheiben scheiden. Es sollten jeweils gleich viele Scheiben sein.

2 In einer Pfanne die Zucchinischeiben in Sonnenblumenöl auf beiden Seiten goldbraun anbraten. Anschließend mit Salz und einigen Chiliflocken würzen.

3 Rote-Bete- und Zucchinischeiben auf zwei Vorspeisenteller abwechselnd aufeinanderschichten, so als ob man die Rote Bete wieder zu ihrer ursprünglichen Form zusammensetzt – nur doppelt so hoch. Linsen und Kichererbsen um die rote Türmchen streuen und mit dem Sumach-Tahin-Dressing beträufeln.

TIPP

Vor dem Kochen der Roten Bete weder den Blätter- noch den Wurzelansatz abschneiden. Die Rote Bete blutet sonst im Wasser aus und verliert Geschmack und Vitamine. Nach dem Kochen sofort in eiskaltem Wasser abschrecken, dies stoppt den Garvorgang. Die Haut lässt sich unter laufendem Wasser einfach abziehen.

Edamame-Saubohnen-Salat

Zubereitungszeit: 20 Minuten
Kochzeit: 15 Minuten

Dieses Rezept enthält:

1.043 kcal (4.360 kJ)	61 g Eiweiß
78 g Kohlenhydrate	48 g Fett

Eine Portion enthält:

261 kcal (1.090 kJ)	15 g Eiweiß
20 g Kohlenhydrate	12 g Fett

Zutaten für 4 Portionen

300 g TK-Edamame
200 g TK-Saubohnen
200 g TK-Erbsen
2 Frühlingszwiebeln
1–2 Knoblauchzehen
1 rote Chilischote (optional)

Für das Dressing

1 Stück Bio-Ingwer (2 cm)
1 kleine Zitrone
1 kleine Knoblauchzehe
2 EL Ahornsirup
4 EL Wasser
1 EL Tomatenmark
2 EL Olivenöl, extra vergine
2 TL Apfelessig
Salz, Pfeffer

Zubereitung

1 Die tiefgefrorenen Edamame und Saubohnen 5 Minuten in kochendem Wasser blanchieren. Eine Minute vor dem Ende der Kochzeit die tiefgefrorenen Erbsen mit ins Kochwasser geben. Abgießen, kalt abschrecken, abtropfen lassen und in eine Schüssel geben.

2 Frühlingszwiebeln putzen und in feine Ringe schneiden. Knoblauch abziehen und durch die Presse drücken. Die Chilischote inklusive Samen und Scheidewänden fein hacken. Frühlingszwiebeln, Knoblauch und Chilis zu den Hülsenfrüchten geben. Alles gut mischen.

3 Für das Dressing den Ingwer schälen und fein reiben. Die Zitrone auspressen. Die Knoblauchzehe schälen und durch eine Presse drücken. Zusammen mit den restlichen Zutaten in eine Schüssel geben und verrühren. Über die Bohnen gießen und den Salat gut mischen.

4 Der Salat hält sich einige Tage im Kühlschrank.

Indischer Schichtsalat im Glas

Zubereitungszeit: 20 Minuten

Dieses Rezept enthält:

994 kcal (4.156 kJ)	18 g Eiweiß
109 g Kohlenhydrate	52 g Fett

Ein Portion enthält:

497 kcal (2.078 kJ)	9 g Eiweiß
55 g Kohlenhydrate	26 g Fett

Zutaten für 2 Weckgläschen à 200 ml

200 g gekochter Vollkornreis
15 g gesalzene Macadamianüsse
1 große Tomate
2 Frühlingszwiebeln
80 g frisches Mangofleisch
100 g Sour Cream (Seite 74)
Petersilie zur Dekoration

Für das Dressing

1 EL Zitronensaft
1 EL Öl
½ TL Currypulver
Salz, Pfeffer

Zubereitung

1 Aus Zitronensaft, Öl, Currypulver, Salz und Pfeffer ein Dressing herstellen und über den gegarten Reis gießen. Nüsse hacken, unter den Reis heben und gut vermischen.

2 Tomate waschen, putzen und in kleine Würfel schneiden. Frühlingszwiebeln putzen und in feine Ringe schneiden. Das Mangofruchtfleisch klein würfeln. Die Sour Cream mit Salz und Pfeffer würzen.

3 Reis, Tomaten, Frühlingszwiebeln, Mango und Sour Cream abwechselnd in die Gläser schichten und mit Petersilienblättchen garnieren. Bis zum Verzehr im Kühlschrank kalt stellen.

Topinambur- Salat

Zubereitungszeit: 20 Minuten
Garzeit: 15–20 Minuten
Marinierzeit: 2 Stunden

Dieses Rezept enthält:

738 kcal (3.085 kJ)	12 g Eiweiß
95 g Kohlenhydrate	20 g Fett

Eine Portion enthält:

370 kcal (1.542 kJ)	6 g Eiweiß
47 g Kohlenhydrate	10 g Fett

Zutaten für 2 Portionen

500 g Topinambur (möglichst gleich große Knollen)
Salz
5 Salzgurken
10 Cocktailtomaten
2 Frühlingszwiebeln
Pfeffer
Für das Dressing
150 ml kalte Gemüsebrühe, ohne Hefe und Geschmacksverstärker
4 EL Apfelessig
3 TL Senf
5 EL Olivenöl, extra vergine
Salz, Pfeffer

Zubereitung

1 Die Topinambur gut abbürsten und in Salzwasser in der Schale in 15–20 Minuten bissfest kochen. Für das Dressing alle Zutaten miteinander gut vermischen. Topinambur abgießen, vierteln, in eine Schüssel geben und mit dem Dressing übergießen. Mindestens 1–2 Stunden marinieren lassen.

2 In der Zwischenzeit Salzgurken, Cocktailtomaten und Frühlingszwiebeln putzen und in dünne Scheiben schneiden.

3 Topinambur auf einer Servierplatte anrichten, leicht salzen und pfeffern. Mit Salzgurken, Cocktailtomaten und Frühlingszwiebeln bestreuen.

Gurkensalat

Zubereitungszeit: 10 Minuten

Dieses Rezept enthält:

990 kcal (4.115 kJ)	28 g Eiweiß
60 g Kohlenhydrate	69 g Fett

Ein Portion enthält:

165 kcal (686 kJ)	5 g Eiweiß
10 g Kohlenhydrate	11 g Fett

Zutaten für 6 Portionen als Beilage

300 g Sour Cream (Seite 74)
2 große Salatgurken
2 Bund frischer Dill
Salz, Pfeffer

Zubereitung

Die Gurken waschen und in sehr dünne Scheiben hobeln. Die Scheiben in eine Schüssel geben und mit der Sour Cream übergießen. Den Dill fein hacken und zum Salat geben. Alles gut mischen und mit Salz und Pfeffer würzen.

Eingelegte weiße Bohnen

Zubereitungszeit: 20 Minuten

Dieses Rezept enthält:

1.982 kcal (8.291 kJ)	53 g Eiweiß
228 g Kohlenhydrate	84 g Fett

Ein Portion enthält:

495 kcal (2.073 kJ)	13 g Eiweiß
57 g Kohlenhydrate	21 g Fett

Zutaten für 4 Portionen als Beilage

15 getrocknete, in Öl eingelegte Tomaten
1 Bund Dill
1 rote Zwiebel
2 Knoblauchzehen
500 g weiße Riesenbohnen, gegart

Für das Dressing

8 EL Olivenöl, extra vergine
40 g Tomatenmark
1 Prise Salz
Saft von ½ Zitrone
2 EL Wasser

Zubereitung

1 Tomaten und Dill fein hacken. Die Zwiebel abziehen und ebenfalls fein hacken. Die Knoblauchzehen schälen und durch eine Presse drücken. Alles zusammen in eine Schüssel geben.

2 Aus Olivenöl, Tomatenmark, Salz, Zitronensaft und Wasser ein Dressing mischen und ebenfalls in die Schüssel geben. Zum Schluss die Bohnen hinzufügen und alles gut miteinander vermischen.

Winter Slaw

Zubereitungszeit: 20 Minuten

Dieses Rezept enthält:

797 kcal (3.298 kJ)	14 g Eiweiß
38 g Kohlenhydrate	60 g Fett

Ein Portion enthält:

133 kcal (550 kJ)	2 g Eiweiß
6 g Kohlenhydrate	10 g Fett

Zutaten für 6 Portionen

360 g Chinakohl
470 g Rotkohl
1 rote Zwiebel
3 Frühlingszwiebeln
1 Handvoll frische Sprossen

Für das Dressing

6 EL geröstetes Sesamöl
5 EL Apfelessig
4 EL Mandelmus
4 EL Wasser
1 TL frischer Zitronensaft
2 kleine Knoblauchzehen (optional)
Salz, Pfeffer

Zubereitung

1 Chinakohl und Rotkohl putzen, in feinste Streifen schneiden oder hobeln. Die Zwiebel abziehen und fein würfeln, die Frühlingszwiebeln putzen und in feine Ringe schneiden. Alles in eine Schüssel geben.

2 Sämtliche Zutaten für das Dressing in einen Mixer geben und mixen, bis es eine homogene Konsistenz hat. Das Dressing über den Salat geben und gut untermischen. Vor dem Servieren mit frischen Sprossen bestreuen.

3 Der Salat hält sich einige Tage im Kühlschrank.

Bohnen-Tomaten-Salat

Zubereitungszeit: 20 Minuten

Dieses Rezept enthält:

1.364 kcal (5.678 kJ)	25 g Eiweiß
113 g Kohlenhydrate	85 g Fett

Ein Portion enthält:

682 kcal (2.839 kJ)	13 g Eiweiß
57 g Kohlenhydrate	43 g Fett

Zutaten für 2 Portionen als Vorspeise

250 g weiße Bohnen, gegart
150 Cocktailtomaten
2 Frühlingszwiebeln
1 kleine Knoblauchzehe (optional)
Für das Dressing
Saft von ½ Zitrone
4–6 EL Olivenöl, extra vergine
Salz, Pfeffer

Zubereitung

1 Bohnen in eine Schüssel geben. Cocktailtomaten waschen und vierteln, die Frühlingszwiebeln putzen und in feine Ringe schneiden, den Knoblauch schälen und pressen. Alles zu den Bohnen geben.

2 Aus Zitronensaft, Öl, Salz und Pfeffer ein Dressing mischen und über den Salat geben.

TIPP

Statt mit Bohnen können Sie den Salat auch mit Kichererbsen oder Linsen zubereiten.

Kichererbsensalat

Zubereitungszeit: 15 Minuten

Dieses Rezept enthält:

819 kcal (3.408 kJ)	28 g Eiweiß
61 g Kohlenhydrate	45 g Fett

Ein Portion enthält:

273 kcal (1.136 kJ)	9 g Eiweiß
21 g Kohlenhydrate	15 g Fett

Zutaten für 4 Portionen

350 g Brokkoli
100 g Cocktailtomaten
1 rote Paprika
250 g Kichererbsen, gegart
Für das Dressing
1 Zitrone
1 Knoblauchzehe
1 EL Kürbiskernöl
2 EL Olivenöl, extra vergine
1 EL Leinöl
40 ml frisch gepresster Orangensaft
Salz, Pfeffer

Zubereitung

1 Den Brokkoli putzen, grob zerkleinern, dann in einer Küchenmaschine klein häckseln. Die Cocktailtomaten vierteln. Paprika waschen, putzen und in kleine Würfel schneiden. Alles zusammen mit den Kichererbsen in eine Schüssel geben.

2 Für das Dressing die Zitrone auspressen, den Knoblauch abziehen und pressen. Mit den anderen Zutaten verrühren, den Salat damit übergießen und alles gut mischen.

Lauwarmer Quinoasalat mit Bärlauchdressing

Zubereitungszeit: 30 Minuten

Dieses Rezept enthält:

2.085 kcal (8.707 kJ)	42 g Eiweiß
212 g Kohlenhydrate	112 g Fett

Ein Portion enthält:

348 kcal (1.451 kJ)	7 g Eiweiß
35 g Kohlenhydrate	19 g Fett

Zutaten für 6 Portionen

- 270 g Quinoa
- 875 ml Wasser
- 1 Salatgurke
- 2 Frühlingszwiebeln
- 1 große rote Paprika
- 250 g Cocktailtomaten
- Salz, Pfeffer
- 250 g Bärlauchdressing (Seite 76)

Zubereitung

1 Quinoa mit Wasser und ein wenig Salz in einen Topf geben und aufkochen. Temperatur verringern, Deckel auflegen und ca. 20 Minuten quellen lassen, bis das ganze Wasser aufgesogen ist.

2 In der Zwischenzeit das Gemüse waschen und putzen. Gurke in kleine Würfel und Frühlingszwiebeln in feine Ringe schneiden, Paprika in feine Streifen schneiden und Cocktailtomaten halbieren. Alles in eine Schüssel geben.

3 Bärlauchdressing und die noch warme Quinoa zu dem Gemüse geben und alles gut mischen. Mit Salz und Pfeffer abschmecken.

TIPP

Sollte kein Bärlauch zur Hand sein, kann man auch Basilikum, Petersilie oder Spinat nehmen.

Hirsesalat

Zubereitungszeit: 35 Minuten

Dieses Rezept enthält:

2.059 kcal (8.615 kJ)	45 g Eiweiß
241 g Kohlenhydrate	95 g Fett

Ein Portion enthält:

515 kcal (2.154 kJ)	11 g Eiweiß
60 g Kohlenhydrate	24 g Fett

Zutaten für 4 Portionen

300 g Hirse
850 ml Gemüsebrühe, ohne Hefe und Geschmacksverstärker
1 Avocado
1 TL Zitronensaft
3 Tomaten
3 Frühlingszwiebeln
½ Salatgurke
Für das Dressing
1 Knoblauchzehe
1 EL Kürbiskernöl
2 EL Olivenöl, extra vergine
1 EL Leinöl
Saft einer Zitrone
3 EL frisch gepresster Orangensaft
Salz, Pfeffer

Zubereitung

1 Die Hirse in einem Topf mit der Gemüsebrühe zum Kochen bringen, Deckel auflegen, Herdplatte ausschalten und die Hirse ca. 20 Minuten quellen lassen, bis sie alles Wasser aufgesogen hat.

2 In der Zwischenzeit die Avocado halbieren, den Kern und die Schale entfernen. Das Fruchtfleisch in feine Würfel schneiden und sofort mit Zitronensaft beträufeln, damit sie nicht braun wird. Tomaten und Gurke waschen, putzen und in kleine Würfel schneiden. Die Frühlingszwiebeln putzen und in feine Ringe schneiden. Alles in eine Schüssel geben.

3 Für das Dressing den Knoblauch abziehen, pressen und mit den anderen Zutaten verrühren. Die noch warme Hirse zum Gemüse geben, das Dressing darübergießen alles gut mischen.

Kartoffelsalat mit Mayonnaise

Zubereitungszeit: 20 Minuten

Dieses Rezept enthält:

1.554 kcal (6.479 kJ)	21 g Eiweiß
148 g Kohlenhydrate	93 g Fett

Ein Portion enthält:

389 kcal (1.620 kJ)	5 g Eiweiß
37 g Kohlenhydrate	23 g Fett

Zutaten für 4 Portionen

- 10 mittelgroße Pellkartoffeln (vom Vortag)
- 2 Frühlingszwiebeln
- 200 g Cocktailtomaten
- 100 g Rucola
- einige Blüten und Blätter von der Kapuzinerkresse (optional)
- 160 g Mayonnaise (Seite 70)
- Salz, Pfeffer

Zubereitung

Kartoffeln in Scheiben schneiden. Frühlingszwiebeln putzen und in feine Ringe schneiden. Cocktailtomaten waschen und vierteln. Den Rucola gründlich waschen und grob hacken. Die Blätter der Kapuzinerkresse in feine Streifen schneiden. Alles in eine Schüssel geben und miteinander vermischen. Die Mayonnaise dazugeben, gut mischen und mit Salz und Pfeffer würzen. Mit den Kresseblüten garnieren und servieren.

TIPP

Kapuzinerkresse schmeckt lecker und die Blüten sehen toll aus. Sie können den Salat aber auch mit anderen frischen Kräuter zubereiten, beispielsweise mit Dill, Petersilie oder Schnittlauch.

PESTOS UND SOSSEN

Bärlauch-Macadamia-Pesto

Zubereitungszeit: ca. 10 Minuten

Dieses Rezept enthält:

1.617 kcal (6.662 kJ)	12 g Eiweiß
23 g Kohlenhydrate	160 g Fett

100 g enthalten:

431 kcal (1.777 kJ)	3 g Eiweiß
6 g Kohlenhydrate	43 g Fett

Zutaten für 370 g

- 180 g Bärlauch
- 125 g Macadamianüsse, gesalzen
- 70 ml Olivenöl, extra vergine
- Salz, Pfeffer

Zubereitung

Bärlauch gut waschen, trocken schütteln und grob hacken. Zusammen mit den Macadamianüssen und dem Öl im Standmixer fein pürieren. Sollte das Pesto zu dick sein, etwas Wasser zugeben. Mit Salz und Pfeffer vorsichtig würzen, da die Macadamianüsse bereits gesalzen sind.

TIPP

Übrig gebliebenes Pesto können Sie portionsweise im Eiswürfelbehälter einfrieren. So ist es jederzeit schnell verfügbar.

Käsesoße

Zubereitungszeit: 15 Minuten
Kochzeit: 20 Minuten

Dieses Rezept enthält:

1.241 kcal (5.142 kJ)	16 g Eiweiß
59 g Kohlenhydrate	103 g Fett

1 Portion enthält:

178 kcal (736 kJ)	2 g Eiweiß
9 g Kohlenhydrate	15 g Fett

Zutaten für 3 Portionen

- 60 g Karotten
- 1 Zwiebel
- 150 g Kartoffeln
- 250 ml Wasser
- 60 g Cashewkerne
- 1 Knoblauchzehe (optional)
- 1 ½ TL Salz
- 1 TL Zitronensaft
- Pfeffer
- Cayennepfeffer
- 70 g Sonnenblumenöl

Zubereitung

Karotten, Zwiebeln und Kartoffeln schälen, klein schneiden und im Wasser (ohne Salz!) garen. Zusammen mit dem Kochwasser in den Standmixer geben. Die restlichen Zutaten ebenfalls in den Mixer geben und alles glatt pürieren.

TIPP

Die Käsesoße passt einfach zu allem! Als Rohkost-Dip, als Füllung von Wraps, zu geschmorten Zucchini, zu Tomaten, Nudeln und Kartoffeln.

Linsenbolognese

Zubereitungszeit: 30 Minuten

Dieses Rezept enthält:

2.461 kcal (10.382 kJ)	167 g Eiweiß
342 g Kohlenhydrate	29 g Fett

1 Portion enthält:

91 kcal (382 kJ)	6 g Eiweiß
13 g Kohlenhydrate	1 g Fett

Zutaten für 8 Portionen

- 2 Zwiebeln
- 2 Knoblauchzehen (optional)
- 2 EL Sonnenblumenöl
- 500 g Tellerlinsen, gegart
- 1 ½ l passierte Tomaten (Seite 36)
- 300–500 ml Wasser
- Salz, Pfeffer
- Chiliflocken (optional)
- 4 Stiele frischer Oregano
- 4 Zweige frischer Thymian

Zubereitung

1 Zwiebel und Knoblauch abziehen, fein würfeln und in einem Topf im Sonnenblumenöl anbraten. Sie sollten auf keinen Fall Farbe annehmen.

2 Linsen zu den Zwiebeln in den Topf geben und unter ständigem Rühren anbraten. Mit passierten Tomaten und 300 ml Wasser auffüllen und kräftig salzen und pfeffern. Mit Chiliflocken würzen. Oregano- und Thymianblättchen abzupfen, fein hacken und zur Soße geben.

3 Ist die Soße zu dick geworden, noch etwas Wasser zugeben und noch einmal abschmecken.

TIPP

Die Linsenbolognese passt toll zu Nudeln.

Soße alla puttanesca

Zubereitungszeit: 30 Minuten

Dieses Rezept enthält:

668 kcal (2.767 kJ)	11 g Eiweiß
34 g Kohlenhydrate	51 g Fett

Eine Portion enthält:

167 kcal (692 kJ)	3 g Eiweiß
9 g Kohlenhydrate	13 g Fett

Zutaten für 4 Portionen

1 Bund Petersilie
60 g schwarze Oliven, ohne Stein
1 rote Chilischote
2 Knoblauchzehen
2 Zwiebeln
4 große Tomaten
2 EL Olivenöl
30 g Kapern
20 ml Kapernwasser aus dem Glas
1 TL Oregano, getrocknet
Salz, Pfeffer
1 kleine Zitrone

Zubereitung

1 Petersilie waschen, trocken schütteln. Stiele von den Blättern trennen, beides separat klein hacken und zur Seite stellen. Oliven in grobe Ringe schneiden. Chilischote inklusive Kerne und Scheidewänden in sehr feine Würfel schneiden. Knoblauch und Zwiebeln abziehen und fein würfeln. Tomaten in kleine Stücke schneiden.

2 Olivenöl erhitzen, Knoblauch und Zwiebeln zusammen mit den Kapern darin anbraten. Kapernwasser, gehackte Petersilienstängel, Oregano, Chili und Oliven dazugeben. Salzen, pfeffern und einige Minuten weiter braten.

3 Tomatenstücke dazugeben und dünsten, bis die Tomaten weich werden und fast zerfallen. Zitrone auspressen. Soße mit Salz, Pfeffer und Zitronensaft abschmecken.

4 Soße anrichten und mit den gehackten Petersilienblättern bestreuen.

TIPP

Die Soße passt am besten zu Nudeln, aber auch zu Reis oder den Maaquoda-Bratlingen (Seite 134).

Grüne Tahinsoße

Zubereitungszeit: 5 Minuten

Dieses Rezept enthält:

702 kcal (2.901 kJ)	20 g Eiweiß
10 g Kohlenhydrate	64 g Fett

100 g enthalten:

336 kcal (1.388 kJ)	10 g Eiweiß
5g Kohlenhydrate	31 g Fett

Zutaten für 200 g

- 2 Bund glatte Petersilie
- 1 Zitrone
- 60 g Tahin (Seite 48)
- 2 EL Olivenöl, extra vergine
- 2 EL Wasser
- 2 TL Dukkah (Seite 46)
- Salz, Pfeffer

Zubereitung

Die Petersilie waschen und trocken schütteln, die Zitrone auspressen. Petersilie und Zitronensaft mit den übrigen Zutaten in einen Mixer geben und zu einer homogenen Soße mixen. Wenn die Soße zu dick ist, mit Wasser verdünnen und noch einmal mit Salz und Pfeffer abschmecken.

TIPP

Die Grüne Tahinsoße passt perfekt zu den Dukkah-Karotten (Seite 186).

Grüne Soße

Zubereitungszeit: 20 Minuten

Dieses Rezept enthält:

1.089 kcal (4.481 kJ)	8 g Eiweiß
5 g Kohlenhydrate	115 g Fett

Eine Portion enthält:

544 kcal (2.241 kJ)	4 g Eiweiß
3 g Kohlenhydrate	58 g Fett

Zutaten für 2 Portionen

- 200 g Mayonnaise (Seite 70)
- 1 Pck. Grüne-Soße-Kräuter (ca. 200 g)
- Salz, Pfeffer
- einige Spritzer Zitronensaft

Zubereitung

1 Die Kräuter waschen und trocknen. Die Blätter der Pimpinelle von den Stielen zupfen, die Stiele entsorgen. Kräuter sehr fein hacken und in eine Schüssel füllen. Mayonnaise hinzufügen (Menge nach Geschmack) und mit Salz, Pfeffer und Zitronensaft würzen.

2 Übrig gebliebene Mayonnaise lässt sich einige Tage im Kühlschrank lagern.

TIPP

Die Grüne Soße passt perfekt zu den Knusprigen Bratkartoffeln (Seite 179), den Fächerkartoffeln (Seite 176) und auch zu verschiedenen Bratlingen. Die Kräuter für die Grüne Soße bekommen Sie in einem gut sortierten Supermarkt.

SUPPEN

Kichererbsen-Linsen-Brokkoli-Suppe

Zubereitungszeit: 40 Minuten

Dieses Rezept enthält:

2.946 kcal (12.368 kJ)	179 g Eiweiß
335 g Kohlenhydrate	71 g Fett

Eine Portion enthält:

491 kcal (2.061 kJ)	30 g Eiweiß
56 g Kohlenhydrate	12 g Fett

Zutaten für 6 Portionen

- 2 große Zwiebeln
- 2 Knoblauchzehen
- 1 Stange Lauch
- 3 Stangen Staudensellerie
- 200 g Brokkoli
- 10 getrocknete Tomaten, in Öl eingelegt
- 3–4 EL Öl aus dem Tomatenglas
- 400 g braune Linsen, gegart
- 800 g Kichererbsen, gegart
- 600 ml Gemüsebrühe, ohne Hefe und Geschmacksverstärker
- Salz, Pfeffer

Zubereitung

1 Zwiebeln abziehen und in kleine Würfel schneiden. Knoblauch abziehen und durch eine Presse drücken. Lauch putzen, der Länge nach aufschlitzen und unter fließendem Wasser gründlich waschen. In feine Ringe schneiden. Staudensellerie abziehen und in dünne Scheiben schneiden. Den Brokkoli in kleine Röschen teilen, den Stiel schälen und in dünne Scheiben schneiden. Tomaten aus dem Öl nehmen, abtropfen lassen und fein hacken.

2 3–4 EL Öl in einem mittleren Topf erhitzen, darin Zwiebeln und Knoblauch anbraten. Lauch, Sellerie, Brokkoli und Tomaten dazugeben und 5 Minuten mitbraten. Das Gemüse sollte keine braune Farbe annehmen. Linsen und Kichererbsen hinzufügen und mit der Gemüsebrühe auffüllen. Die Suppe sanft köcheln lassen, bis der Brokkoli al dente ist. Zum Schluss salzen und pfeffern.

TIPP

Wer mag, kann dazu Reis essen.

Orientalische Schälerbsensuppe

Zubereitungszeit: 50 Minuten

Dieses Rezept enthält:

1.037 kcal (4.351 kJ)	57 g Eiweiß
125 g Kohlenhydrate	21 g Fett

Eine Portion enthält:

259 kcal (1.087 kJ)	14 g Eiweiß
31 g Kohlenhydrate	5 g Fett

Zutaten für 4 Portionen

- 200 g gelbe Schälerbsen
- 400 g Karotten
- 1 Stück frischer Ingwer (2 cm)
- 2 Zwiebeln
- 2 Knoblauchzehen
- 1 ½ l Gemüsebrühe, ohne Hefe und Geschmacksverstärker
- 1 EL Olivenöl, extra vergine
- 1 TL Harissa
- 1 TL Kreuzkümmelsamen
- Salz, Pfeffer
- 4 Stängel Dill

Zubereitung

1 Die Schälerbsen im Sieb abspülen und abtropfen lassen. Karotten und Ingwer schälen, Zwiebeln und Knoblauch abziehen und alles würfeln. Die Gemüsebrühe erhitzen.

2 1 EL Olivenöl in einem großen Topf erhitzen. Karotten bei hoher Hitze 5 Minuten anbraten, Zwiebeln, Knoblauch und Ingwer zugeben, Temperatur um die Hälfte reduzieren und Zwiebeln glasig dünsten. Die Schälerbsen zugeben und kurz mitdünsten. Harissa und Kreuzkümmelsamen hinzufügen und mit der Brühe auffüllen.

3 Die Suppe bei mittlerer Hitze und geschlossenem Deckel 30–40 Minuten köcheln lassen, bis die Erbsen gar sind. Ab und zu umrühren. Die Suppe pürieren und mit Salz und Pfeffer würzen. Dillspitzen abzupfen und fein hacken. Suppe in Schalen anrichten und mit Dill und einem Spritzer Olivenöl toppen.

TIPP

Wer mag, kann noch ein wenig Mandelsahne auf die Suppe geben und gebratenes Gemüse wie zum Beispiel Blumenkohl als Suppeneinlage hinzufügen.

Maiscremesuppe

Zubereitungszeit: 40 Minuten

Dieses Rezept enthält:

1.364 kcal (5.681 kJ)	35 g Eiweiß
121 g Kohlenhydrate	67 g Fett

Eine Portion enthält:

341 kcal (1.420 kJ)	9 g Eiweiß
30 g Kohlenhydrate	17 g Fett

Zutaten für 4 Portionen

- 1 Zwiebel
- 2 Knoblauchzehen (optional)
- 250 g mehlig kochende Kartoffeln
- 2 EL Sonnenblumenöl
- 600 g Mais, gegart (Glas)
- 1 l Gemüsebrühe, ohne Hefe und Geschmacksverstärker
- Salz, Pfeffer
- 125 ml Mandelsahne plus etwas mehr zum Garnieren (Seite 43)

Zubereitung

1 Zwiebel und Knoblauch abziehen und klein hacken. Kartoffeln schälen und in kleine Würfel schneiden. Zwiebeln und Knoblauch in Sonnenblumenöl anschwitzen. Die Kartoffelwürfel und 500 g Mais dazugeben. Den restlichen Mais beiseitestellen. Gemüsebrühe angießen und die Suppe so lange köcheln lassen, bis die Kartoffeln gar sind und zu zerfallen beginnen. Mit einer Kelle die Hälfte der Brühe aus dem Topf nehmen und beiseitestellen (nicht wegschütten!).

2 Die Suppe mit einem Pürierstab pürieren. Wenn sie zu dick sein sollte, von der entnommenen Brühe so viel wieder hinzufügen, bis sie die gewünschte Konsistenz erreicht hat. Die restlichen 100 g Maiskörner als Einlage in die Suppe geben und kurz durchwärmen lassen. Mit Salz und Pfeffer würzen, die Mandelsahne einrühren.

3 Die Suppe in vorbereitete Suppenteller füllen und mit Mandelsahne beträufeln.

Linsensuppe

Zubereitungszeit: 45 Minuten

Dieses Rezept enthält:

3.623 kcal (15.275 kJ)	235 g Eiweiß
512 g Kohlenhydrate	37 g Fett

Eine Portion enthält:

604 kcal (2.546 kJ)	39 g Eiweiß
85 g Kohlenhydrate	6 g Fett

Zutaten für 6 Portionen

1 kg Kartoffeln
300 g Karotten
2 Zwiebeln
1 Stange Staudensellerie
1 Stängel Liebstöckel
2 EL Sonnenblumenöl
700 g Tellerlinsen, gegart
2 Lorbeerblätter
1 ½–2 l Gemüsebrühe, ohne Hefe und Geschmacksverstärker
3 EL Räucherpaprikapulver
1 Bund glatte Petersilie
5 Frühlingszwiebeln
4 EL Apfelessig
Salz, Pfeffer

Zubereitung

1 Kartoffeln und Karotten schälen und in kleine Würfel schneiden. Sellerie und Zwiebel schälen und in kleine Würfel schneiden. Liebstöckel waschen, trocknen und fein hacken

2 In einem großen Topf das Sonnenblumenöl erhitzen und das Gemüse darin anbraten. Linsen, Lorbeerblätter, 1 ½ Liter Gemüsebrühe, Liebstöckel und Räucherpaprika hinzufügen. Aufkochen lassen und so lange kochen, bis die Kartoffeln gar sind. Bei Bedarf noch etwas Gemüsebrühe angießen.

3 Inzwischen Petersilie waschen, trocknen und fein hacken, Frühlingszwiebel putzen und in feine Ringe schneiden.

4 Wenn die Kartoffeln gar sind, den Apfelessig zur Suppe geben und mit Salz und Pfeffer würzen. Mit Petersilie und Frühlingszwiebeln bestreuen und servieren.

Ulis Pastinakensuppe mit Rote-Bete-Chips

Zubereitungszeit: ca. 30 Minuten

Dieses Rezept enthält:

2.613 kcal (10.901 kJ)	50 g Eiweiß
268 g Kohlenhydrate	132 g Fett

Eine Portion enthält:

523 kcal (2.180 kJ)	10 g Eiweiß
54 g Kohlenhydrate	26 g Fett

Zutaten für 5 Portionen

450 g Karotten
900 g Pastinaken
2 Zwiebeln
1 l Gemüsebrühe, ohne Hefe und Geschmacksverstärker
400 ml Kokosmilch
1 Prise Muskatnuss
Salz

Für die Rote-Bete-Chips

400 g Rote Bete
200 ml Sonnenblumenöl
40 g Kürbiskerne
Salz

Zubereitung

1 Karotten und Pastinaken schälen und in grobe Stücke schneiden. Zwiebeln abziehen und ebenfalls in grobe Stücke schneiden. Das Gemüse in 1 l Gemüsebrühe aufsetzen, aufkochen und bei reduzierter Hitze garkochen. Wenn es weich ist die Suppe mit einem Pürierstab glatt pürieren. Die Kokosmilch angießen und unterrühren. Mit Muskatnuss und Salz würzen.

2 Während die Suppe kocht, die Roten Bete schälen und in dünne Scheiben hobeln. Das Fett erhitzen und die Scheiben darin 1–2 Minuten frittieren, bis sie kross sind. Herausnehmen. Danach die Kürbiskerne für höchstens 10 Sekunden ebenfalls frittieren. Auf Küchenpapier abtropfen, leicht salzen und auskühlen lassen.

3 Suppe auf fünf Teller verteilen und mit Rote-Bete-Chips und Kürbiskernen bestreuen.

TIPP

Wen Sie mögen, können Sie vor dem Servieren noch etwas Kürbiskernöl über die Suppe träufeln.

Harira – marokkanische Königssuppe

Zubereitungszeit: 45 Minuten

Dieses Rezept enthält:

2.011 kcal (8.449 kJ)	101 g Eiweiß
259 g Kohlenhydrate	45 g Fett

Eine Portion enthält:

335 kcal (1.408 kJ)	17 g Eiweiß
43 g Kohlenhydrate	8 g Fett

Zutaten für 5 Portionen

Für die Gewürzmischung

10 Pimentkörner
5 Kardamomkapseln
½ TL Kurkumapulver
½ TL geriebene Muskatnuss
½ TL Zimtpulver

Für die Suppe

2 Zwiebeln
3 Knoblauchzehen
2 Karotten
2 Stangen Staudensellerie
400 g Tomaten
40 g Petersilie
2 EL Olivenöl, extra vergine
2 EL Tomatenmark
3 Lorbeerblätter
50 g rote Linsen, getrocknet
1 ½–2 l Wasser
Salz
530 g Kichererbsen, gegart
100 g Kichererbsennudeln, gegart
150 g Tellerlinsen, gegart
Saft von 1 Zitrone

Zubereitung

1 Für die Gewürzmischung Piment und Kardamomkapseln in einem Mixer zu einem feinen Pulver mahlen und mit den anderen Gewürzen mischen.

2 Für die Suppe Zwiebeln und Knoblauch abziehen und fein hacken. Karotten und Sellerie schälen. Tomaten waschen und putzen. Alles in kleine Stücke schneiden.

3 In einem Topf das Öl erhitzen. Zwiebeln, Knoblauch, Karotten, Sellerie und die Gewürzmischung darin anbraten. Die Gewürzmischung darf am Topfboden anhängen sollte aber nicht verbrennen, da sie sonst bitter wird.

4 Tomatenwürfel, Tomatenmark, Lorbeerblätter und rote Linsen hinzufügen und 2–3 Minuten mitschmoren. Mit 1 ½ Litern Wasser auffüllen und salzen. Kichererbsen, Kichererbsennudeln und Linsen hinzugeben und zum Kochen bringen. Kochen, bis die Karotten al dente sind. Bei Bedarf noch etwas Wasser hinzufügen.

5 Die Petersilie waschen, trocknen und fein hacken. Die Zitrone auspressen. Petersilie in die Suppe einstreuen, Zitronensaft zugeben und mit Salz abschmecken. Die Lorbeerblätter entfernen und servieren.

Kichererbsen-Tomaten-Fenchel-Eintopf

Zubereitungszeit: 45 Minuten

Dieses Rezept enthält:

1.495 kcal (6.278 kJ)	56 g Eiweiß
200 g Kohlenhydrate	43 g Fett

Eine Portion enthält:

299 kcal (1.256 kJ)	11 g Eiweiß
40 g Kohlenhydrate	2 g Fett

Zutaten für 5 Portionen

- 1 frische Fenchelknolle
- 1 Zwiebel
- 1–2 Knoblauchzehen
- 1 rote Chilischote
- 1 EL Rosmarinnadeln
- 400 g Tomaten
- 1–2 EL Olivenöl, extra vergine
- 530 g Kichererbsen, gegart
- 1200 ml passierte Tomaten (Seite 36)
- Salz, Pfeffer

Zubereitung

1 Fenchel putzen und in kleine Stücke schneiden. Das Fenchelkraut zum Garnieren zur Seite legen. Zwiebel und Knoblauch abziehen. Chili halbieren und nach Geschmack Scheidewände und Samen entfernen. Knoblauch, Zwiebeln, Chili und Rosmarinnadeln fein hacken. Tomaten waschen und würfeln.

2 Zwiebeln und Knoblauch in Olivenöl anschwitzen. Fenchel dazugeben und in 5–10 Minuten bissfest dünsten. Kichererbsen, gewürfelte und passierte Tomaten hinzufügen und 10–15 Minuten köcheln lassen. Mit Salz und Pfeffer würzen und mit Fenchelgrün bestreut servieren.

Orientalische Kichererbsen-Spinat-Suppe

Zubereitungszeit: 45 Minuten

Dieses Rezept enthält:

2.613 kcal (10.973 kJ)	133 g Eiweiß
320 g Kohlenhydrate	68 g Fett

Eine Portion enthält:

436 kcal (1.829 kJ)	22 g Eiweiß
53 g Kohlenhydrate	11 g Fett

Zutaten für 6 Portionen

1 große Zwiebel
3 Knoblauchzehen
1–2 Zitronen
5–6 Stängel frische Minze
2 EL Ghee (für Veganer: Sonnenblumenöl)
1 TL Kreuzkümmelpulver
1 EL Kurkumapulver
1 EL Paprikapulver
1 ½ l Gemüsebrühe, ohne Hefe und Geschmacksverstärker
800 g Kichererbsen, gegart
250 g Kidneybohnen, gegart
200 g rote Linsen, getrocknet
500 g Spinat (frisch oder TK)
Salz

Zubereitung

1 Zwiebel und Knoblauch abziehen. Die Zwiebel fein würfeln und den Knoblauch durch eine Presse drücken. Zitronen auspressen, Minzblätter vom Stiel zupfen und fein hacken. Ghee in einem Topf erhitzen, darin Zwiebeln und Knoblauch dünsten, bis die Zwiebeln weich sind.

2 Kreuzkümmel-, Kurkuma- und Paprikapulver hinzufügen und unter ständigem Rühren eine Minute mit anbraten, damit sich die Aromen entfalten können. Die Gewürze können ruhig etwas am Topfboden anhängen, sollten allerdings nicht verbrennen. Sie werden sonst bitter.

3 Mit der Brühe auffüllen, Kichererbsen, Kidneybohnen, Linsen, Zitronensaft und gehackte Minze dazugeben. Zugedeckt etwa 20 Minuten köcheln lassen, bis die Linsen teilweise zerfallen sind. Das gibt der Suppe die Bindung.

4 Spinat waschen und grob hacken und zur Suppe geben. So lange simmern lassen, bis der Spinat zerfallen ist. Leicht salzen und servieren.

BRATLINGE

Der basische Bratling-Baukasten

Auf den folgenden Seiten finden Sie sechs Rezepte für leckere Bratlinge. Darüber hinaus können Sie mit ein wenig Grundlagenwissen und Fantasie unendlich viele Versionen kreieren. Orientieren Sie sich dabei an der folgenden Tabelle.

GRUNDZUTATEN					SPEZIALZUTATEN
Getreide	Hülsenfrüchte	Gemüse (roh)	Andicken	Gewürze	
• Buchweizen • Haferflocken • Hirse • Kichererbsenmehl • Quinoa • Vollkornreis	• Bohnen • Kichererbsen	• Frische Erbsen • Karotten • Kartoffeln mit Schale • Knoblauch • Zucchini • Zwiebel	• Chiasamen • Dinkelvollkornmehl • Flohsamenschalen • Haferflocken • Kartoffelstärke • Leinsamen • Lupinenmehl • Maronenmehl	• Chili • Currypaste • Geröstete Zwiebeln • Gewürze (Salz/Pfeffer) • Kräuter • Oregano • Orientalische Gewürze • Paprikapulver • Tomatenmark • Würzmischungen	• Nüsse • Räuchertofu • Samen • Sprossen • Tempeh • Tofu

VERARBEITUNG			
Getreide	Hülsenfrüchte	Gemüse (roh)	Andicken
• Getreide ankeimen – dadurch wird es basischer • Getreide mit doppelter Menge Wasser/Gemüsebrühe kochen	• Hülsenfrüchte immer vorher kochen	• Gemüse in rohem Zustand reiben und mit Getreide vermischen	• Menge variiert je nach Gemüseart. So viel verwenden, damit der Bratling zusammenhält. • Achtung: Flohsamenschalen und Chiasamen quellen extrem nach!
Tipps: Für Bratlinge ohne Stücke die Masse mit einen Pürierstab oder im Mixer pürieren. Für extra Crunch die Bratlinge in Dinkelvollkornmehl oder gehackten Nüssen wälzen und braten.			

FERTIGSTELLUNG	
Pfanne	In Pflanzenfett bei mittlerer Temperatur von beiden Seiten bis zum gewünschten Knusprigkeitsgrad braten
Grill	Auf dem Grill mit (Knoblauch-)Öl bestreichen und bis zum gewünschten Knusprigkeitsgrad grillen
Backofen	Dünn mit Öl bestreichen und im Backofen bei 175 °C bis zum gewünschten Knusprigkeitsgrad backen
Tipp: Die Masse in der Pfanne oder auf dem Backblech in einen Servierring füllen, festdrücken und den Servierring vorsichtig abziehen. So behalten die Bratlinge ihre perfekte Form.	

Quelle: Hans-Jürgen Lahann „Schmerzfrei durch Ernährung“

Tofu-Erdnuss-Bratlinge

Zubereitungszeit: 20 Minuten

Dieses Rezept enthält:

1.401 kcal (5.815 kJ)	51 g Eiweiß
57 g Kohlenhydrate	102 g Fett

Ein Bratling enthält:

117 kcal (485 kJ)	4 g Eiweiß
5 g Kohlenhydrate	9 g Fett

Zutaten für 12 Bratlinge

2 Karotten
1 Zwiebel
200 g Bio-Tofu
100 g gesalzene Erdnüsse
50 g Haferflocken
3 EL Wasser
½ TL Chiliflocken (optional)
Salz, Pfeffer
4 EL Sonnenblumenöl

Zubereitung

1 Karotten und Zwiebel schälen und in einer Küchenmaschine sehr fein hacken. Tofu und Erdnüsse ebenfalls sehr fein hacken. Haferflocken in einem Mixer zu Mehl verarbeiten. Alles gut miteinander vermischen, das Wasser hinzufügen, mit Chiliflocken, Salz und Pfeffer würzen. Kleine Bratlinge formen, sehr gut zusammendrücken.

2 Öl in einer Pfanne erhitzen und die Bratlinge kross ausbraten. Auf Küchenkrepp abtropfen lassen.

TIPP

Bitte nur einmal wenden, da die Bratlinge sehr leicht auseinanderfallen.

Bohnen-Quinoa-Bratlinge

Zubereitungszeit: 40 Minuten

Dieses Rezept enthält:

2.187 kcal (9.179 kJ)	76 g Eiweiß
317 g Kohlenhydrate	61 g Fett

Ein Bratling enthält:

219 kcal (917 kJ)	8 g Eiweiß
32 g Kohlenhydrate	6 g Fett

Zutaten für 10 Bratlinge

1 Chilischote
2 Knoblauchzehen
230 g weiße Bohnen, gegart
230 g schwarze Bohnen, gegart
380 g Quinoa, gegart
2 TL Kreuzkümmelpulver
2 TL Paprikapulver (edelsüß)
2 TL Oregano
8 EL Haferflocken
2 TL Tomatenmark
Salz
4–5 EL Sonnenblumenöl

Zubereitung

1 Chilischote hacken. Wer es gerne etwas schärfer mag, hackt die Samen und die Scheidewände mit. Knoblauch abziehen und durch die Presse drücken. Sämtliche Zutaten bis auf das Öl in eine Schüssel geben. Mit dem Pürierstab zu einem gleichmäßigen Teig mixen.

2 Die Hände befeuchten und zehn Bratlinge formen. Das Öl in einer Pfanne erhitzen und die Bratlinge von beiden Seiten knusprig braun braten. Auf Küchenkrepp abtropfen lassen.

TIPP

Alle Bratlinge schmecken warm und kalt und sind ein leckerer Snack. Oder Sie servieren sie mit einem Salat und einem Dip oder Chutney als Hauptgericht.

Pakora-Bratlinge

Zubereitungszeit: 40 Minuten
Quellzeit: 20 Minuten

Dieses Rezept enthält:

1.480 kcal (6.198 kJ)	55 g Eiweiß
166 g Kohlenhydrate	57 g Fett

Ein Bratling enthält:

99 kcal (413 kJ)	4 g Eiweiß
11 g Kohlenhydrate	4 g Fett

Zutaten für 15 Bratlinge

240 g Kichererbsenmehl
1 TL Natron
½ TL Salz
250 ml Wasser
1 TL Apfelessig
250 g frischer Blattspinat
2 rote Paprika
1 rote Zwiebel
1 große Knoblauchzehe (optional)
Pfeffer
4 EL Sonnenblumenöl

Zubereitung

1 In einer großen Schüssel das Kichererbsenmehl mit Natron, Salz, Wasser und Essig mit einem Schneebesen zu einem glatten Teig verrühren. Zur Seite stellen und 20 Minuten quellen lassen.

2 Den Spinat waschen und die dicken Stiele entfernen. Blätter übereinanderlegen, zu einer dicken Rolle formen und in 1 cm breite Streifen schneiden. Paprika waschen und putzen und in feine Streifen schneiden. Zwiebel schälen und ebenfalls in feine Streifen schneiden. Knoblauch abziehen und durch die Presse drücken. Das Gemüse zu dem Kichererbsenteig geben und gut vermischen. Die Gemüsestücke sollten komplett vom Teig ummantelt sein. Mit Salz und Pfeffer abschmecken.

3 Öl in einer beschichteten Pfanne erhitzen. 2 EL Gemüsemasse pro Bratling in die Pfanne geben, mit einem Pfannenwender zu einem runden Bratling zusammenschieben und bei mittlerer Hitze auf beiden Seiten goldbraun ausbacken. Insgesamt passen so vier Bratlinge gleichzeitig in die Pfanne. Die Hitze sollte nicht so hoch sein, da das Kichererbsenmehl in der Mitte erst stocken muss, und der Bratling außen nicht anbrennen darf. Auf Küchenkrepp abtropfen lassen.

Brittas Hirse-Karotten-Bratlinge

Zubereitungszeit: 30 Minuten
Quellzeit: 20 Minuten

Dieses Rezept enthält:

1.029 kcal (4.306 kJ)	22 g Eiweiß
122 g Kohlenhydrate	47 g Fett

Eine Portion enthält:

172 kcal (718 kJ)	4 g Eiweiß
20 g Kohlenhydrate	8 g Fett

Zutaten für 6 Portionen

150 g Hirse, getrocknet
500 ml Gemüsebrühe, ohne Hefe und Geschmacksverstärker
1 EL Chiasamen
1 Zwiebel
1 Karotte
1 TL Paprikapulver
1 TL Kurkuma
Salz, Pfeffer
4 EL Sonnenblumenöl

Zubereitung

1 Hirse in der Brühe aufkochen und bei kleiner Flamme quellen lassen, bis die ganze Brühe aufgesogen ist. Die Chiasamen mit 3 EL Wasser verrühren und fünf Minuten quellen lassen. Die Zwiebel abziehen, fein würfeln und in 1 EL Sonnenblumenöl anschwitzen. Die Karotte schälen und raspeln. Alle Zutaten bis auf das Öl in einer Schüssel zu einem homogenen Teig vermischen.

2 Das restliche Öl in einer Pfanne erhitzen und bei niedriger Temperatur nach und nach kleine Teigfladen von beiden Seiten goldbraun ausbacken. Bitte die Bratlinge nicht so oft bewegen, weil sie sonst schnell auseinanderfallen. Auf Küchenkrepp abtropfen lassen.

Grüne Bratlinge

Zubereitungszeit: 30 Minuten

Dieses Rezept enthält:

966 kcal (4.038 kJ)	29 g Eiweiß
99 g Kohlenhydrate	45 g Fett

Ein Bratling enthält:

242 kcal (1.009 kJ)	7 g Eiweiß
25 g Kohlenhydrate	11 g Fett

Zutaten für 4 Bratlinge

- 1 Zwiebel
- 1 Bund Petersilie
- 2 Knoblauchzehen
- 140 g TK-Erbsen, aufgetaut
- 90 g Kichererbsen, gegart
- Salz
- 50–110 g Dinkelvollkornmehl
- 4 EL Sonnenblumenöl

Zubereitung

1 Zwiebel abziehen und in Würfel schneiden. Petersilien waschen, trocknen und hacken, Knoblauch schälen und durch die Presse drücken.

2 Erbsen, Kichererbsen, Zwiebel, Petersilie, Knoblauch und etwas Salz in eine Küchenmaschine geben und zu einem stückigen Teig verarbeiten. Es macht gar nichts, wenn noch ganze Erbsen zu sehen sind. Die Hälfte des Mehls untermischen und mit dem Gemüse verkneten.

3 Aus der Masse vier Bratlinge formen. Wenn die Masse noch zu feucht ist, einfach mehr Mehl dazugeben. Wichtig ist, dass der Bratling die Form hält.

4 Sonnenblumenöl in der Pfanne erhitzen und die Bratlinge bei mittlerer Temperatur goldbraun ausbacken. Auf Küchenkrepp abtropfen lassen.

Maaquoda-Bratlinge

Zubereitungszeit: 50 Minuten

Dieses Rezept enthält:

1.524 kcal (6.385 kJ)	24 g Eiweiß
205 g Kohlenhydrate	61 g Fett

Ein Bratling enthält:

76 kcal (319 kJ)	1 g Eiweiß
10 g Kohlenhydrate	3 g Fett

Zutaten für 20 Bratlinge

- 1 kg mehlig kochende Kartoffeln
- 3 EL Kartoffelstärke
- 1 Bund Petersilie
- 1 rote Zwiebel
- 2 Knoblauchzehen
- ½ TL Kurkumapulver
- ½ TL Kreuzkümmelpulver
- Salz
- 6 EL Sonnenblumenöl

Zubereitung

1 Die Kartoffeln schälen, in grobe Stücke schneiden und in ca. 20 Minuten in Salzwasser garen. Ausdampfen lassen und durch eine Kartoffelpresse in eine Schüssel pressen.

2 Petersilie waschen, trocknen und hacken, Zwiebel abziehen und fein würfeln, Knoblauch abziehen und durch die Presse drücken.

3 Sämtliche Zutaten bis auf das Öl zu den durchgepressten Kartoffeln geben und zu einem homogenen Teig verarbeiten. Aus dem Kartoffelteig etwa 20 Kugeln formen und flachdrücken. Fett in einer Pfanne erhitzen und die Bratlinge von beiden Seiten goldbraun braten. Auf Küchenkrepp abtropfen lassen.

HAUPTGERICHTE

Slow Roast

Zubereitungszeit: 20 Minuten
Backzeit: 90 Minuten

Dieses Rezept enthält:

2.339 kcal (9.821 kJ)	68 g Eiweiß
330 g Kohlenhydrate	66 g Fett

Eine Portion enthält:

390 kcal (1.637 kJ)	11 g Eiweiß
55 g Kohlenhydrate	11 g Fett

Zutaten für 6 Portionen

5 mittelgroße Kartoffeln
6 große, reife Tomaten
4 rote Paprika
3 große Zwiebeln
1 frische Chilischote (optional)
1 Zweig Rosmarin
3 EL Sonnenblumenöl
Salz, Pfeffer
480 g weiße Bohnen, gegart
3 Knoblauchzehen
1 Bio-Zitrone
2 EL Olivenöl, extra vergine

Außerdem

1 große Auflaufform

Zubereitung

1 Den Backofen auf 180 °C Umluft vorheizen.

2 Die Kartoffeln schälen und in kleine Würfel schneiden. Tomaten und Paprika waschen und putzen. Tomaten achteln, Paprika in schmale Streifen schneiden. Zwiebeln abziehen und in dünne Scheiben schneiden. Chili in feine Ringe schneiden. Rosmarinnadeln abzupfen und fein hacken.

3 Sonnenblumenöl in eine Auflaufform gießen. Kartoffeln, Tomaten, Paprika, Zwiebeln, Chili und Rosmarin in der Form verteilen. Mit Salz und Pfeffer würzen. Ca. 50 Minuten im Ofen backen.

4 Die weißen Bohnen in eine Schüssel füllen. Knoblauchzehen abziehen und durch die Presse drücken. Die gelbe Schale der Zitrone abreiben, die Zitrone auspressen. Knoblauch, Olivenöl, Zitronensaft und Zitronenschale unter die Bohnen mischen. Mit Salz und Pfeffer würzen.

5 Nach 50 Minuten die Bohnen zum Gemüse in der Auflaufform geben und unterheben. Wieder in den Ofen schieben und weitere 10–15 Minuten garen.

Rajma Masala

Zubereitungszeit: 45 Minuten

Dieses Rezept enthält:

1.052 kcal (4.422 kJ)	41 g Eiweiß
146 g Kohlenhydrate	27 g Fett

Eine Portion enthält:

263 kcal (1.106 kJ)	10 g Eiweiß
37 g Kohlenhydrate	7 g Fett

Zutaten für 4 Portionen

- 2 Zwiebeln
- 1 Stück Bio-Ingwer (4 cm)
- 2 Knoblauchzehen
- 2 EL Sonnenblumenöl
- 1 TL Kreuzkümmelpulver
- 1 TL Korianderpulver
- ½ TL Chilipulver
- 700 ml passierte Tomaten (Seite 36)
- 500 g Kidneybohnen, gegart
- Salz
- 200 ml Wasser
- 1 TL Garam Masala (oder anderes Currypulver)

Zubereitung

1 Zwiebeln abziehen und fein hacken. Ingwer auf einer Gemüsereibe fein reiben. Knoblauch abziehen und durch eine Presse drücken. Das Öl in einem Topf erhitzen und die Zwiebeln bei mittlerer Hitze 3 Minuten anbraten. Ingwer und Knoblauch hinzugeben und weitere 1–2 Minuten braten.

2 Kreuzkümmel-, Koriander- und Chilipulver hinzugeben, gut untermischen und für 2 Minuten mitbraten. Die Gewürze können ruhig am Topfboden anhängen, sollten jedoch nicht verbrennen. Sie schmecken dann bitter. Passierte Tomaten hinzugeben und 3 Minuten weitergaren lassen.

3 Kidneybohnen, Salz und Wasser in den Topf geben, die Temperatur reduzieren und alles 10 Minuten köcheln lassen. Mit Salz würzen. Die Bohnen etwas zerstampfen, damit sie die Soße binden. Aber bitte nicht komplett, die Soße soll noch Biss haben. Garam Masala zugeben und gut unterrühren.

TIPP

Dazu passt am besten Naturreis.

Kartoffelrösti-Wraps

Zubereitungszeit: 50 Minuten

Dieses Rezept enthält:

2.327 kcal (9.794 kJ)	52 g Eiweiß
386 g Kohlenhydrate	47 g Fett

Eine Portion enthält:

582 kcal (2.448 kJ)	52 g Eiweiß
97 g Kohlenhydrate	47 g Fett

Zutaten für 4 Portionen à 2 Wraps

- 2 kg festkochende Kartoffeln
- 2 große Zwiebeln
- 3 EL Flohsamenschalen
- 1 EL Salz
- 8 TL Sonnenblumenöl
- 1 Kopf Eisbergsalat
- 6 Frühlingszwiebeln
- 6 Tomaten
- 2 große Handvoll Sprossen
- Senf (optional)
- Sour Cream (optional) (Seite 74)

Zubereitung

1 Die Kartoffeln waschen und mitsamt der Schale in eine große Schüssel fein raspeln. Zwiebeln abziehen, halbieren und in feine Scheiben schneiden. Zusammen mit den Flohsamenschalen und dem Salz zur Kartoffelmasse (das Raspelwasser nicht wegschütten) geben und gut vermischen.

2 Eine Pfanne (Durchmesser 20 cm) sehr heiß werden lassen. Den Teig in acht Portionen aufteilen und nacheinander die Rösti ausbacken. Dazu jeweils 1 TL Öl in die Pfanne geben und eine Portion Teig, der mit einer nassen Löffelrückseite glattgestrichen wird, sodass der ganze Boden von der Kartoffelmasse bedeckt ist. Fertige Rösti abkühlen lassen.

3 Salat und Frühlingszwiebeln putzen und in feine Streifen bzw. in dünne Ringe schneiden. Die Tomaten waschen, putzen, halbieren und in dünne Scheiben schneiden.

4 Die Rösti nach Geschmack mit Sour Cream und Senf bestreichen. Mit Salat, Tomaten, Frühlingszwiebeln und Sprossen belegen, zusammenrollen und genießen.

TIPP

Die Rösti können mit allem gefüllt werden, was Sie noch im Kühlschrank haben und was verwertet werden muss. Zum Beispiel Paprikastreifen, Gurkenscheiben, geraspelte Zucchini oder Karotten und natürlich jede Art von Salat.

Palak

Zubereitungszeit: 45 Minuten

Dieses Rezept enthält:

726 kcal (3.010 kJ)	13 g Eiweiß
43 g Kohlenhydrate	49 g Fett

Eine Portion enthält:

182 kcal (752 kJ)	3 g Eiweiß
11 g Kohlenhydrate	12 g Fett

Zutaten für 4 Portionen

1 große Zwiebel
3 Knoblauchzehen
1 Stück Bio-Ingwer (4 cm)
1 frische Chilischote
4 große Tomaten
900 g frischer Blattspinat
4 EL Sonnenblumenöl
1 EL Kreuzkümmelsamen
1 EL Kurkumapulver
1 EL Madras Currypulver
1 EL Korianderpulver
160 ml Wasser
Salz, Pfeffer
½ Zitrone

Zubereitung

1 Zwiebel und Knoblauch abziehen und in kleine Würfel schneiden. Ingwer fein reiben. Chilischote halbieren, Scheidewände und Samen entfernen und die Chili in feine Würfel schneiden. Tomaten waschen, putzen und in kleine Stücke schneiden. Spinatblätter gründlich waschen. 200 g zur Seite legen, 700 g klein hacken.

2 Das Öl in einer Pfanne erhitzen. Zwiebel, Knoblauch, Ingwer, Chilischote und Kreuzkümmelsamen anbraten. Kurkuma, Currypulver und Korianderpulver dazugeben und weiter braten. Die Gewürze können am Topfboden anhängen sollten aber nicht verbrennen. Sie schmecken sonst bitter. Tomaten und Wasser in die Pfanne geben. Mit Salz und Pfeffer würzen.

3 Die ganzen Spinatblätter in die Pfanne geben. Sie zerfallen innerhalb von wenigen Minuten. Danach die gehackten Blätter in die Pfanne geben und ebenfalls zerfallen lassen. Öfter umrühren, damit nichts anbrennt. Die Zitrone auspressen und etwas Zitronensaft über das Gericht träufeln.

TIPP

Als Variante bestreuen Sie Ihr Palak mit Speck-Tofu-Würfeln (Seite 184). Das verleiht dem Gericht eine salzig-rauchige Note.

Timtimo

Zubereitungszeit: 30 Minuten

Dieses Rezept enthält:

1.517 kcal (6.392 kJ) | 82 g Eiweiß
208 g Kohlenhydrate | 33 g Fett

Eine Portion enthält:

379 kcal (1.598 kJ) | 20 g Eiweiß
52 g Kohlenhydrate | 8 g Fett

Zutaten für 4 Portionen

1 große Zwiebel
2 Knoblauchzehen
480 g Tomaten
2 EL Sonnenblumenöl
2 EL Berbere (Seite 45)
250 g rote Linsen, getrocknet
2 EL Tomatenmark
1 TL Kreuzkümmelpulver
½ TL Kardamompulver
500 ml kochendes Wasser
Salz, Pfeffer

Zubereitung

1 Zwiebel und Knoblauch abziehen und klein hacken. Tomaten waschen, putzen und in kleine Stücke schneiden. In einem Topf das Öl erhitzen, darin Zwiebeln und Knoblauch glasig anbraten. Berbere darüberstreuen und unter ständigem Rühren kurz mitbraten. Das Berbere kann ruhig am Topfboden anhängen, sollte aber nicht verbrennen, da es sonst bitter wird.

2 Die restlichen Zutaten hinzufügen, den Topf schließen und das Timtimo bei niedriger Flamme so lange simmern lassen (10–15 Minuten), bis die roten Linsen gar sind und sich fast aufgelöst haben. Mit Salz und Pfeffer abschmecken.

TIPP

Auch wenn das Gericht am Angang wie eine wässrige Suppe aussieht – es wird zu einem Brei eindicken.

Schiro

Zubereitungszeit: 30 Minuten

Dieses Rezept enthält:

1.074 kcal (4.508 kJ)	41 g Eiweiß
138 g Kohlenhydrate	34 g Fett

Eine Portion enthält:

269 kcal (1.127 kJ)	10 g Eiweiß
34 g Kohlenhydrate	8 g Fett

Zutaten für 4 Portionen

1 große Zwiebel
2 Zehen Knoblauch
½ rote Chilischote
2 EL Sonnenblumenöl
2–3 EL Berbere (Seite 45)
500 g Kichererbsen, gegart
900 g passierte Tomaten (Seite 36)

Zubereitung

1 Zwiebel und Knoblauch abziehen und klein hacken. Chilischote putzen und ebenfalls klein hacken. In einem Topf Zwiebeln, Knoblauch und Chili im Sonnenblumenöl glasig anbraten. Berbere darüberstreuen und unter ständigem Rühren kurz mitbraten. Das Berbere kann ruhig am Topfboden anhängen, sollte aber nicht verbrennen da es sonst bitter wird.

2 Kichererbsen und Tomaten hinzufügen und erhitzen. 10 Minuten köcheln lassen und anschließend mit dem Pürierstab glatt pürieren.

TIPP

Schiro und Timtimo werden mit dem eritreischen Fladenbrot „Injera“ (Seite 168) gegessen. Das Injera ersetzt dabei das Besteck.

Mac'n'Cheeze con „Parmigiano"

Zubereitungszeit: 30 Minuten

Dieses Rezept enthält:

3.277 kcal (13.651 kJ)	117 g Eiweiß
298 g Kohlenhydrate	161 g Fett

Eine Portion enthält:

1.092 kcal (4.550 kJ)	39 g Eiweiß
99 g Kohlenhydrate	54 g Fett

Zutaten für 4 Portionen

Für die Soße

60 g Karotte, geschält
1 Zwiebel, abgezogen
150 g Kartoffeln, geschält
240 ml Wasser
60 g Cashewkerne
1 Knoblauchzehe
1 ½ TL Salz
1 TL Zitronensaft
Pfeffer
Cayennepfeffer
75 g Sonnenblumenöl

Für die Nudeln

500 g Kichererbsennudeln
2 TL Salz

Für den „Parmigiano"

50 g Cashewkerne
20 g Hefeflocken
½ TL Salz

Zubereitung

1 Karotten, Zwiebel und Kartoffeln klein schneiden und im Wasser (ohne Salz!) garen. Zusammen mit dem Kochwasser in den Standmixer geben. Die restlichen Zutaten ebenfalls in den Mixer geben und alles glatt pürieren.

2 Nudeln nach Packungsbeilage in Salzwasser kochen.

3 Währenddessen Cashewkerne, Hefeflocken und Salz in einen Mixer geben und kurz mixen, bis die Masse eine grobe, crunchige Struktur hat.

4 Die Nudeln abgießen, mit der Käsesoße mischen, mit dem „Parmigiano" toppen und sofort servieren.

Brokkoli-Frühlings-zwiebel-Quiche

Zubereitungszeit: 20 Minuten
Quellzeit: 1 Stunde
Backzeit: 30 Minuten

Dieses Rezept enthält:

1.581 kcal (6.631 kJ)	67 g Eiweiß
189 g Kohlenhydrate	51 g Fett

Eine Portion enthält:

395 kcal (1.658 kJ)	17 g Eiweiß
47 g Kohlenhydrate	13 g Fett

Zutaten für 4 Portionen

250 g Kichererbsenmehl
500 ml Wasser
300 g Brokkoli
2 Bund Frühlingszwiebeln
2 EL Sonnenblumenöl
Salz, Pfeffer
1 TL Olivenöl, extra vergine

Außerdem

1 Springform, 34 cm Durchmesser

TIPP

Dazu passt ein fruchtiger Tomatensalat, Mangochutney oder Tsatsiki (Seite 82). Die Quiche schmeckt warm und kalt – sie ist ideal für ein Picknick. Beim Gemüse und den Kräutern kann nach Lust und Laune variiert werden.

Zubereitung

1 Das Kichererbsenmehl in eine Schüssel füllen und das Wasser nach und nach mit einem Schneebesen einrühren, bis ein klumpenfreier Teig entsteht. Den sehr flüssigen Teig eine Stunde quellen lassen.

2 Inzwischen den Brokkoli waschen und in kleine Stücke schneiden, die Frühlingszwiebeln putzen und in Ringe schneiden. In einer Pfanne das Sonnenblumenöl erhitzen und den Brokkoli und die Zwiebeln andünsten. Das Gemüse mit Salz und Pfeffer würzen. Den Backofen auf 240 °C Ober-/Unterhitze vorheizen.

3 Das Gemüse und das Olivenöl in den Kichererbsenteig geben, alles gut mischen und noch einmal mit Salz und Pfeffer abschmecken.

4 Die Springform mit Backpapier auslegen, den Teig einfüllen und die Quiche im vorgeheizten Ofen auf mittlerer Schiene ca. 20 Minuten backen. Dann die Temperatur auf 180 °C reduzieren und die Quiche weitere 10 Minuten backen. Herausnehmen und etwas abkühlen lassen.

Grüne Bowl

Zubereitungszeit: 45 Minuten

Dieses Rezept enthält:

805 kcal (3.355 kJ)	26 g Eiweiß
65 g Kohlenhydrate	44 g Fett

100 g enthalten:

107 kcal (445 kJ)	4 g Eiweiß
9 g Kohlenhydrate	6 g Fett

Zutaten für 1 Portion

- 40 g Naturreis
- Salz
- 100 g Brokkoli
- 100 g grüne Bohnen
- 1 kleine Zwiebel
- 1 TL Sonnenblumenöl
- 1 Prise Salz
- 80 g grüne Erbsen
- 50 g Feldsalat
- ½ Avocado
- 1 TL Zitronensaft
- Salz nach Geschmack
- 1 mittlere Zucchini
- 20 g Mandelmusdressing (Seite 72)
- 60 g Sour Cream (Seite 74)
- 40 g Hummus (Seite 78)
- 1 Handvoll gemischte Sprossen (optional)
- 1 TL Sesamsamen zum Bestreuen (optional)

TIPP

Sie können die Zutaten ganz nach Ihrem Geschmack austauschen und auch die Mengen variieren.

Zubereitung

1 Reis nach Packungsanleitung ca. 30 Minuten in Salzwasser garen. Abgießen und abkühlen lassen. Brokkoli und Bohnen in Salzwasser bissfest kochen. Wasser abgießen. Brokkoli zur Seite stellen und auskühlen lassen.

2 Zwiebel schälen und in feine Würfel schneiden. In einer Pfanne in 1 TL Öl glasig andünsten, grüne Bohnen untermischen. Leicht salzen und zur Seite stellen. Erbsen kurz in kochendem Wasser blanchieren, kalt abschrecken und abkühlen lassen

3 Den Feldsalat waschen und trocken schütteln. Avocado schälen, halbieren, den Kern entfernen und die Avocado in dünne Scheiben schneiden. Mit Zitronensaft beträufeln (dann wird sie nicht braun) und leicht salzen. Zucchini waschen, putzen und mit einem Spiralschneider in lange Spaghetti schneiden.

4 Zum Anrichten den Boden einer großen Salatschale mit dem Reis bedecken und alle anderen Zutaten fantasievoll darauf verteilen. Ich mache dies immer so, dass ich die verschiedenen Zutaten in kleinen Häufchen auf dem Reis platziere und darauf die Zucchinispiralen wild verteile. Mandelmusdressing, Sour Cream und Hummus kommen in Klecksen obendrauf, und zum Schluss nach Belieben mit Sprossen und Sesamsamen bestreuen.

Rote Bowl

Zubereitungszeit: 45 Minuten

Dieses Rezept enthält:

787 kcal (3.278 kJ)	13 g Eiweiß
70 g Kohlenhydrate	47 g Fett

100 g enthalten:

127 kcal (530 kJ)	2 g Eiweiß
11 g Kohlenhydrate	8 g Fett

Zutaten für 1 Portion

40 g Naturreis
Salz
40 g Eisbergsalat
2 Tomaten
1 TL Sonnenblumenöl
Salz
Pfeffer
1 rote Paprika
1 große Knoblauchzehe
2 EL Olivenöl, extra vergine
1 Prise Salz
25 g Süßkartoffel
40 g rote Bete, gegart
2 Radieschen
50 g Krautsalat
80 g Tomatencreme (Seite 61)
1 Handvoll gemischte Sprossen (optional)
1 TL Sesam zum Bestreuen (optional)

Zubereitung

1 Reis nach Packungsanleitung ca. 30 Minuten in Salzwasser garen. Abgießen und abkühlen lassen. Eisbergsalat in mundgerechte Stücke schneiden.

2 Tomaten waschen und den Strunk entfernen. Eine Tomate in dünne Scheiben schneiden, die zweite Tomate vierteln und in einer Pfanne mit 1 TL Öl auf allen Seiten anbräunen. Mit Salz und Pfeffer würzen. Bis zum Anrichten zur Seite stellen. Die Pfanne auf dem Herd stehen lassen, sie wird für die Paprika gebraucht.

3 Paprika waschen, halbieren, putzen und in der Pfanne braten, bis sie eine goldbraue Farbe angenommen hat. Herausnehmen und auf einen Teller legen. Den Knoblauch darauf pressen und mit dem Olivenöl übergießen. Mit einer Prise Salz würzen.

4 Die Süßkartoffel schälen und mit einem Spiralschneider in dünne Spaghetti schneiden. Die rote Bete in dünne Scheiben schneiden, die Radieschen putzen und fein hobeln.

5 Zum Anrichten den Boden einer großen Salatschale mit dem Reis bedecken. Alle anderen Zutaten fantasievoll darauf verteilen. Ich mache dies immer so, dass ich die verschiedenen Zutaten in kleinen Häufchen auf dem Reis platziere und darauf die Süßkartoffelspiralen wild verteile. Die Tomatencreme kommt in Klecksen obendrauf und zum Schluss nach Belieben Sprossen und Sesamsamen.

TIPP

Sie können fertigen Krautsalat verwenden oder ihn selbst zubereiten.
Dafür brauchen Sie
250 g Weißkohl, 1 Karotte, ¼ rote Paprika, ¼ Zwiebel, 60 ml mildes Bio-Olivenöl, extra vergine, 90 ml naturtrüben Bio-Apfelessig, ca. ½ EL Salz.

Weißkohl, Karotte, Paprika und Zwiebel fein hobeln. Öl, Apfelessig und Salz in einem kleinen Topf aufkochen, bis sich das Salz aufgelöst hat. Noch heiß über das Gemüse schütten, gut mischen und ziehen lassen. Für die Bowl 50 g abnehmen, den Rest anderweitig verwenden.

Reis-Endivien-Pfanne

Zubereitungszeit: 40 Minuten

Dieses Rezept enthält:

1.011 kcal (4.220 kJ)	33 g Eiweiß
99 g Kohlenhydrate	47 g Fett

Eine Portion enthält:

253 kcal (1.055 kJ)	8 g Eiweiß
25 g Kohlenhydrate	12 g Fett

Zutaten für 4 Portionen

50 g Naturreis
Salz
2 Zwiebeln
2 Knoblauchzehen (optional)
270 g Karotten
700 g Zucchini
1 kleine Chilischote
100 g Kichererbsen, gegart
2 EL Sonnenblumenöl
Pfeffer
300 g Endiviensalat
Für das Dressing
½ EL Kürbiskernöl
1 EL Olivenöl, extra vergine
½ EL Leinöl
Saft ½ Zitrone
1 ½ EL frisch gepresster Orangensaft
Salz, Pfeffer

Zubereitung

1 Reis nach Packungsanleitung ca. 30 Minuten in Salzwasser garen. Zwiebeln und Knoblauch abziehen. Die Zwiebel halbieren und in feine Scheiben schneiden, den Knoblauch durch eine Presse drücken. Karotten schälen, Zucchini waschen und putzen, beides in mundgerechte Würfel schneiden. Chili entkernen und in feine Ringe schneiden. Wer es gerne schärfer mag, kann die Scheidewände und die Samen drinlassen.

2 Sonnenblumenöl in einer Pfanne erhitzen, darin Zwiebeln, Knoblauch, Karotten, Zucchini, Chili und Kichererbsen anschwitzen. Salzen und pfeffern. Die Hitze reduzieren und alles schmoren lassen, bis die Karotten al dente sind.

3 Endiviensalat waschen, putzen und in Streifen schneiden. Die Zutaten für das Dressing miteinander verrühren.

4 Reis in die Pfanne geben und alles gut vermischen. Zum Schluss Endiviensalat und Dressing dazugeben und untermischen. Sofort servieren.

TIPP

Sie können den Reis auch in einen Servierring drücken und den Salat darauf drapieren. Anschließend das Gemüse drumherum arrangieren.

Mit Kartoffeln und Zucchini gefüllte Tomaten

Zubereitungszeit: 30 Minuten
Backzeit: 10 Minuten

Dieses Rezept enthält:

421 kcal (1.761 kJ)	11 g Eiweiß
51 g Kohlenhydrate	17 g Fett

Eine Portion enthält:

105 kcal (440 kJ)	2 g Eiweiß
12 g Kohlenhydrate	4 g Fett

Zutaten für 4 Portionen à 2 Tomaten

2 mittelgroße, mehlig kochende Kartoffeln
Salz
1 kleine Zwiebel
½ kleine Zucchini
1 EL Olivenöl, extra vergine
1 EL Zitronensaft
Pfeffer
1 EL geräuchertes Paprikapulver
8 große Tomaten

Außerdem

1 große Auflaufform

Zubereitung

1 Kartoffeln schälen, in kleine Würfel schneiden und in Salzwasser ca. 10 Minuten garen. Den Backofen auf 200 °C Umluft vorheizen.

2 Zwiebel abziehen und fein würfeln. Zucchini ebenfalls in feine Würfel schneiden. Beides in einer Pfanne in Olivenöl leicht andünsten. Die Kartoffeln abgießen, mit Zwiebel und Zucchini mischen und alles mit Zitronensaft, Salz, Pfeffer und geräuchertem Paprikapulver würzen.

3 Tomaten waschen, jeweils einen dünnen Deckel abschneiden, aushöhlen, von innen leicht salzen und mit der Kartoffel-Zucchini-Masse füllen. In eine Auflaufform setzen und ca. 10 Minuten backen.

Geschmorte Auberginen mit Sumach-Tahin-Dressing

Zubereitungszeit: 40 Minuten

Dieses Rezept enthält:

457 kcal (1.903 kJ)	13 g Eiweiß
40 g Kohlenhydrate	21 g Fett

Eine Portion enthält:

152 kcal (634 kJ)	4 g Eiweiß
13 g Kohlenhydrate	7 g Fett

Zutaten für 3 Portionen als Vorspeise

2 Auberginen
Salz, Pfeffer
2 EL Ghee (für Veganer: mildes Kokosöl)
1 Rezept Sumach-Tahin-Dressing (Seite 70)
1 Granatapfel
1 Bund Petersilie

Zubereitung

1 Dressing nach Rezept anmischen. Die Granatapfelkerne aus dem Granatapfel auslösen und beiseitestellen. Petersilie grob hacken.

2 Aubergine waschen und schräg in 1 cm dicke Scheiben schneiden. Salzen und pfeffern. In Ghee bis zum gewünschten Bräunungsgrad braten.

3 Die Auberginenscheiben dachziegelartig auf einer Platte anrichten, mit dem Dressing beträufeln und final die Granatapfelkerne und die gehackte Petersilie darüberstreuen. Das restliche Dressing hält sich einige Tage im Kühlschrank.

Misthaufen

Zubereitungszeit: 30 Minuten

Dieses Rezept enthält:

1.638 kcal (6.792 kJ)	24 g Eiweiß
94 g Kohlenhydrate	122 g Fett

Eine Portion enthält:

819 kcal (3.396 kJ)	12 g Eiweiß
47 g Kohlenhydrate	61 g Fett

Zutaten für 2 Portionen

3 Kartoffeln
3 Karotten
1 l Sonnenblumenöl zum Frittieren
Salz
1 Aubergine
5 Champignons
1 Zwiebel
1 Knoblauchzehe
10 Cocktailtomaten
100 g Feldsalat
1 EL geräuchertes Paprikapulver
Pfeffer
10 EL Sour-Cream-Dressing (Seite 74)

TIPP

Dieses Gericht ist ideal, um den Kühlschrank aufzuräumen und Gemüsereste zu verwerten. Also das perfekte „Rumfort-Gericht" – alles was „rumliegt" muss „fort".

Zubereitung

1 Kartoffeln und Karotten schälen und mit dem Spiralschneider in lange Spaghetti schneiden. Das Öl in einem tiefen Topf erhitzen und die Spiralen bis zum gewünschten Knusprigkeitsgrad frittieren. Herausheben, auf einem Küchenpapier abtropfen lassen und leicht salzen.

2 Die Aubergine waschen, putzen und in kleine Würfel schneiden. Die Champignons abreiben und in Scheiben schneiden. Die Zwiebel und den Knoblauch abziehen. Die Zwiebel in feine Würfel schneiden und den Knoblauch durch die Presse drücken. Cocktailtomaten waschen und halbieren. Den Feldsalat gründlich waschen und trocknen.

3 1 EL Sonnenblumenöl vom Frittieren in eine Pfanne geben und darin Zwiebel, Aubergine und Champignons al dente braten. Das geräucherte Paprikapulver und das Knoblauchpüree dazugeben und gut vermischen. Mit Salz und Pfeffer würzen.

4 Den Feldsalat jeweils in der Mitte des Tellers anrichten und mit Dressing beträufeln. Gemüse, Cocktailtomaten, Kartoffel- und Karottenspiralen wild drumherum anrichten. So entsteht dann der Eindruck des „Misthaufens".

Shepherd's Pie

Zubereitungszeit: 40 Minuten
Backzeit: 10–20 Minuten

Dieses Rezept enthält:

3.659 kcal (15.407 kJ)	183 g Eiweiß
533 g Kohlenhydrate	55 g Fett

Eine Portion enthält:

610 kcal (2.568 kJ)	31 g Eiweiß
89 g Kohlenhydrate	9 g Fett

Zutaten für 5 Portionen

600 g festkochende Kartoffeln
600 g Süßkartoffeln
Salz
1 Zwiebel
2 Stangen Staudensellerie (optional)
2 Karotten
350 g Champignons
3 Knoblauchzehen (optional)
1 kleines Bund frischer Thymian
2 Zweige frischer Rosmarin
12 getrocknete Tomaten, in Öl eingelegt
1 Bund glatte Petersilie
Saft von 1 Zitrone
2 EL Olivenöl, extra vergine
1 TL Koriandersamenpulver
150 ml Gemüsebrühe, ohne Hefe und Geschmacksverstärker
400 g Kichererbsen, gegart
400 g Tellerlinsen, gegart
Pfeffer
1 große Prise Muskatnuss

Außerdem

1 große Auflaufform

Zubereitung

1 Kartoffeln und Süßkartoffeln schälen, in kleine Würfel schneiden, in zwei separaten Töpfen (sie haben verschiedene Garpunkte) in Salzwasser kochen, bis sie weich sind. Die Kartoffeln brauchen ca. 20 Minuten, die Süßkartoffeln ca. 30 Minuten.

2 Während die Kartoffeln garen, Zwiebel und Sellerie abziehen, Karotten schälen, Champignons abreiben und alles in feine Würfel schneiden. Knoblauch abziehen und durch die Presse drücken. Thymian und Rosmarin abzupfen und fein hacken. Die getrockneten Tomaten abtropfen lassen und in grobe Würfel schneiden. Petersilie waschen und grob hacken, Zitrone auspressen.

3 Den Backofen auf 200 °C Umluft vorheizen. In einer Pfanne das Olivenöl erhitzen, Zwiebeln, Knoblauch, Sellerie, Karotten, Champignons, Korianderpulver, Thymian und Rosmarin hineingeben und bei mittlerer Hitze 10 Minuten anbraten. Die getrockneten Tomatenwürfel hinzufügen und weitere 10 Minuten schmoren. Gemüsebrühe, Kichererbsen und Linsen dazugeben und alles leicht einreduzieren lassen. Zum Schluss Petersilie und Zitronensaft unterrühren.

4 Die Kartoffeln abgießen und ausdampfen lassen. Einige Esslöffel vom Kochwasser auffangen. Beide Sorten zusammen eine Schüssel geben, einen Schuss Kochwasser zugeben und mit einem Stampfer zu einem cremigen Brei stampfen. Mit Salz, Pfeffer und Muskatnuss würzen.

5 Das Gemüse in eine große Auflaufform geben und den Kartoffelbrei darauf in Streifen verteilen. Zum Schluss mit einem Löffel schuppenartige Vertiefungen in den Kartoffelbrei drücken. 10–20 Minuten im Ofen überbacken, bis der Kartoffelbrei leicht gebräunt ist.

Poori Masala

Zubereitungszeit: 40 Minuten

Dieses Rezept enthält:

966 kcal (4.048 kJ)	26 g Eiweiß
125 g Kohlenhydrate	35 g Fett

Eine Portion enthält:

483 kcal (2.024 kJ)	13 g Eiweiß
62 g Kohlenhydrate	17 g Fett

Zutaten für 2 kleine Portionen

500 g Kartoffeln
Salz
1 große Zwiebel
1 mittlere Tomate
1 Stück Bio-Ingwer (2 cm)
1 rote Chili
5 Zweige frischer Koriander
10 getrocknete Curryblätter
20 g Cashewkerne
2 EL Sonnenblumenöl
1 TL Senfsamen
20 g Chana Dal, getrocknet (geschälte, halbe Kichererbsen)
10 g Urad Dal, getrocknet (halbe, schwarze Linsen)
1 TL Kreuzkümmelsamen
½ TL Kurkumapulver
2 TL Kichererbsenmehl
350–400 ml Wasser

Zubereitung

1 Kartoffeln in Salzwasser in der Schale kochen, danach pellen und in kleine Würfel schneiden. Zwiebel abziehen und in feine Scheiben schneiden. Tomaten, Ingwer, Chilis und Korianderblätter klein hacken. Wer weniger Schärfe haben will, befreit die Chili vorher von Samen und Scheidewänden. Die Curryblätter zerbröseln. Cashewkerne hacken.

2 In einer Pfanne das Öl erhitzen. Senfsamen anbraten, bis sie leise knistern und springen. Chana Dal, Urad Dal und Kreuzkümmelsamen dazu geben. Braten, bis die Hülsenfrüchte eine bräunliche Farbe annehmen. Ingwer, Chilis, Curryblätter und gehackte Cashewkerne dazugeben und unter Rühren weitere 1–2 Minuten braten. Hitze verringern.

3 Zwiebel und Kurkuma hinzufügen. Weiter braten, bis die Zwiebelscheiben glasig werden. Kichererbsenmehl einstreuen und alles gut vermischen. Gehackte Tomate hinzufügen und weitere 2 Minuten unter Rühren braten. Wasser hinzugeben und 5–10 Minuten bei mittlerer Hitze kochen. Zum Schluss die Kartoffeln hinzugeben, gut verrühren und durchwärmen. Mit Salz abschmecken und mit gehacktem Koriandergrün bestreuen.

TIPP

Mit Naturreis servieren.

VORSPEISEN, BEILAGEN UND SNACKS

Pakora

Zubereitungszeit: 20 Minuten
Quellzeit: 15 Minuten

Dieses Rezept enthält:

1.630 kcal (6.725 kJ)	16 g Eiweiß
38 g Kohlenhydrate	151 g Fett

Eine Portion enthält:

272 kcal (1.121 kJ)	3 g Eiweiß
6 g Kohlenhydrate	25 g Fett

Zutaten für 6 Portionen

- 240 g Kichererbsenmehl
- 1 TL Natron
- 1 EL Zitronensaft
- Salz
- 250 ml Wasser
- 250 g frischer Blattspinat
- 300 g Brokkoli
- 1 Karotte
- 2 Zwiebeln
- 1 rote Paprika
- 2 Knoblauchzehen (optional)
- 1 l Sonnenblumenöl

Zubereitung

1 In einer Schüssel das Kichererbsenmehl mit Natron, Zitronensaft, ½ TL Salz und Wasser vermischen. Alles zu einem klebrigen Teig anrühren, er sollte die Konsistenz eines Spätzleteiges haben. Sollte der Teig zu fest sein, noch etwas Wasser zugeben. Aber bitte daran denken, dass das Gemüse auch noch Feuchtigkeit mitbringen wird und dadurch der Teig noch flüssiger werden könnte. Zur Seite stellen und ca. 15 Minuten quellen lassen.

2 Spinat waschen und grob hacken, Brokkoli in feinste Röschen schneiden, Karotte schälen und in feine Stifte schneiden. Zwiebeln abziehen, halbieren und in dünne Scheiben schneiden. Paprika waschen, halbieren, putzen und in feine Streifen schneiden. Den Knoblauch schälen und durch die Presse drücken. Das Gemüse in den Kichererbsenteig geben und alles gut vermischen. Das Gemüse sollte vom Teig umschlossen sein.

3 Öl in einem hohen Topf auf 160 °C erhitzen. Das Fett ist heiß genug, wenn von einem Holzstäbchen, welches ins Fett gehalten wird, kleine Luftbläschen aufsteigen. Esslöffelgroße Teig-Gemüse-Häufchen in das Öl gleiten lassen. Vorsicht – das Öl spritzt! Die Pakora frittieren, bis sie goldbraun sind. Mit einem Schaumlöffel herausnehmen und auf Küchenkrepp abtropfen lassen.

TIPP

Pakora sind generell „trocken" und lassen sich am Besten mit einem Dip servieren.

Champignon-Tomaten-Spießchen

Zubereitungszeit: 10 Minuten
Marinierzeit: 20 Minuten

Dieses Rezept enthält:

224 kcal (927 kJ)	5 g Eiweiß
7 g Kohlenhydrate	19 g Fett

Eine Portion enthält:

112 kcal (463 kJ)	2 g Eiweiß
4 g Kohlenhydrate	9 g Fett

Zutaten für 2 kleine Portionen

6 braune Champignons
6 Cocktailtomaten
2 Knoblauchzehen (optional)
Pfeffer, Salz
5–6 EL Olivenöl
1 Spritzer Zitronensaft
Außerdem
6 Holzzahnstocher

Zubereitung

1 Champignons mit einem Tuch abreiben. Jeweils einen Champignon und eine Tomate auf einen Zahnstocher stecken. Knoblauch schälen und auf einen kleinen, flachen Teller pressen. Mit Pfeffer, Salz, Olivenöl und Zitronensaft vermischen.

2 Spieße in die Marinade geben, wenden und 15–20 Minuten marinieren. Dann in einer heißen Pfanne rundherum goldbraun anbraten.

TIPP

Als Vorspeise oder als kleines Tapas-Gericht.

Injera – eritreisches Fladenbrot

Zubereitungszeit: 45 Minuten
Quellzeit: 2 Tage

Dieses Rezept enthält:

1.375 kcal (5.831 kJ)	54 g Eiweiß
254 g Kohlenhydrate	8 g Fett

Ein Fladen enthält:

137 kcal (583 kJ)	5 g Eiweiß
25 g Kohlenhydrate	1 g Fett

Zutaten für 10 Fladen

400 g Teffmehl
400 ml Wasser
eine großzügige Prise Salz
1 Würfel Hefe

Zubereitung

1 **Zwei Tage vorher** das Teffmehl mit Wasser und Salz in einer großen Schüssel zu einem dickflüssigen Teig verrühren. Die Hefe hineinbröseln und unterrühren. Den Teig mit einem Tuch bedeckt an einem warmen Ort zwei Tage quellen lassen. Die Schüssel muss unbedingt groß genug sein, denn der Teig wird sich vergrößern!

2 **Zwei Tage darauf** eine beschichtete Pfanne stark erhitzen und 1–2 Kellen Teig von der Mitte aus kreisförmig hineinfließen lassen. Der Teig sollte den ganzen Boden bedecken und überall gleichmäßig dick sein.

3 Injera 30–60 Sekunden bei geschlossenem Pfannendeckel „braten", bis sich der Fladen vom Pfannenboden löst. Die Unterseite sollte golden sein, die Oberseite viele kleine Luftlöcher haben. Injera bitte nicht wenden. Herausnehmen und abkühlen lassen. Auf diese Weise zehn Injeras backen.

TIPP

Injera wird in Eritrea als Besteckersatz für die Gerichte Schiro und Timtimo verwendet (Seite 146 und 144). Einfach kleine Stücke von dem weichen Fladenbrot abreißen und das Gericht damit aufnehmen. Es passt aber auch zu anderen Gemüsegerichten und zu Chutneys oder kann wie ein Wrap gefüllt werden.

Quinoa-Karotten-Baguette

Zubereitungszeit: 30 Minuten
Backzeit: 30 Minuten

Dieses Rezept enthält:

1.881 kcal (7.925 kJ)	44 g Eiweiß
314 g Kohlenhydrate	44 g Fett

Ein Baguette enthält:

627 kcal (2.642 kJ)	15 g Eiweiß
105 g Kohlenhydrate	15 g Fett

Zutaten für 3 kleine Baguettes

- 100 g Quinoa
- 300 g Buchweizenmehl
- 60 g Sonnenblumenkerne
- 1 ½ EL Leinsamen, geschrotet
- 1 ½ TL Salz
- 3 gestr. TL Natron
- 100 g Karotten
- 1 ½ EL Zitronensaft
- 250 ml Wasser

Zubereitung

1 Backofen auf 230 °C Ober-/Unterhitze vorheizen. Quinoa in einem Mixer zu Mehl verarbeiten. Quinoa, Buchweizenmehl, Sonnenblumenkerne, Leinsamen, Salz und Natron in eine Schüssel geben und gut durchrühren, damit sich alles gut vermischt.

2 Karotten schälen und fein reiben. Zusammen mit dem Zitronensaft zur Mehlmischung geben und kurz unterrühren. Die Hälfte des Wassers dazugeben und alles zu einem lockeren Teig verarbeiten. Wenn er Teig zu trocken ist, schussweise Wasser hinzufügen.

3 Den Teig in drei Teile teilen. Etwas Mehl auf die Arbeitsfläche streuen und die drei Teiglinge vorsichtig, ohne den Teig zu kneten, zu unregelmäßigen Baguettes formen. Baguettes auf ein mit Backpapier ausgelegtes Blech legen und ca. 30 Minuten im Backofen backen. Sie sollen etwas dunkler als goldbraun werden.

TIPP

Die Baguettes lassen sich sehr gut einfrieren. Nach dem Auftauen werden sie einfach 10 Minuten bei 200 °C aufgebacken oder in Scheiben geschnitten und im Toaster knusprig geröstet.

Hans-Jürgens basenüberschüssiges Brot

Zubereitungszeit: 15 Minuten
Backzeit: 100 Minuten

Dieses Rezept enthält:

2.516 kcal (10.608 kJ)	78 g Eiweiß
424 g Kohlenhydrate	43 g Fett

100 g enthalten:

162 kcal (682 kJ)	5 g Eiweiß
27 g Kohlenhydrate	3 g Fett

Zutaten für 1 Brot (1.500 g)

250 g Karotten
600 g vorwiegend festkochende Kartoffeln
200 g Hafer
300 g Dinkelvollkornmehl
2 TL Salz
10 g Natron
180–200 ml Wasser
2 EL Sonnenblumenöl

Außerdem

1 Kastenform

Zubereitung

1 Den Backofen auf 230 °C Ober-/Unterhitze vorheizen. Eine kleine Schale mit Wasser dazustellen. Karotten und Kartoffeln gut waschen und ungeschält fein raspeln. Sollte beim Raspeln der Kartoffeln Kartoffelwasser austreten, bitte mit auffangen.

2 Hafer in einer Küchenmaschine zu grobem Mehl häckseln und mit Dinkelmehl, Salz und Natron vermischen. Geraspelte Karotten und Kartoffeln dazugeben. Schussweise Wasser hinzufügen und einen zähen Teig herstellen (die Wasserzugabe hängt davon ab, wie viel Wasser die Kartoffeln abgegeben haben).

3 Die Kastenform mit Backpapier auslegen. Den Teig einfüllen, glattstreichen, die Oberfläche einritzen und mit Sonnenblumenöl bestreichen. Das Brot 20 Minuten bei 230 °C backen, dann Hitze auf 175 °C reduzieren und das Brot weitere 80 Minuten backen. Das Brot geht kaum auf, da weder Hefe noch Sauerteig verwendet werden. Die Konsistenz ist eher feuchter und schwer.

TIPP

Bewahren Sie das Brot im Kühlschrank auf, da es aufgrund seiner feuchten Konsistenz nicht lange haltbar ist. Sie können es auch in Scheiben schneiden und einfrieren. Zum Verzehr dann einfach im Toaster aufbacken.

Süßkartoffelgnocchi

Zubereitungszeit: 40 Minuten
Backzeit: 1 Stunde

Dieses Rezept enthält:

1.384 kcal (5.864 kJ)	11 g Eiweiß
309 g Kohlenhydrate	6 g Fett

Eine Portion enthält:

462 kcal (1.955 kJ)	4 g Eiweiß
103 g Kohlenhydrate	2 g Fett

Zutaten für 3 Portionen

2 Süßkartoffeln (ca. 700 g)
180 g Dinkelvollkornmehl (plus etwas Mehl zum Ausrollen)
1 Prise Salz

Außerdem

1 große Auflaufform

Zubereitung

1 Den Backofen auf 180 °C Umluft vorheizen. Die ungeschälten Süßkartoffeln mehrere Male mit einer Gabel einstechen, in eine Auflaufform legen und 1 Stunde im Ofen rösten. Nach 30 Minuten wenden. Danach die Kartoffeln aus dem Ofen nehmen, aufschneiden und das Fleisch aus der Schale in eine Schüssel löffeln. Mit einer Gabel zerdrücken und auskühlen lassen. Das Mehl und etwas Salz zugeben und alles zu einem Teig kneten.

2 Eine Arbeitsfläche mit Mehl bestäuben, den Teig zu einer Kugel rollen und vierteln. Jedes Viertel zu einer langen Rolle formen, diese in 1 cm kleine Stücke schneiden und in der Hand zu Gnocchi rollen.

3 In einem großen Topf Salzwasser zum Kochen bringen. Gnocchi portionsweise hineingeben und so lange kochen, bis sie an die Oberfläche steigen. Das dauert ca. 2–3 Minuten. Mit einem Schaumlöffel herausnehmen.

TIPP

Die Gnocchi schmecken besonders gut mit Käsesoße (Seite 106), mit Grüner Tahinsoße (Seite 110) oder mit einem würzigen Pesto.

Fächerkartoffeln

Zubereitungszeit: 20 Minuten
Backzeit: 30 Minuten

Dieses Rezept enthält:

1.127 kcal (4.727 kJ)	19 g Eiweiß
157 g Kohlenhydrate	42 g Fett

Eine Portion enthält:

188 kcal (788 kJ)	3 g Eiweiß
26 g Kohlenhydrate	7 g Fett

Zutaten für 6 Portionen

8 mittelgroße Kartoffeln (ca. 900 g)
40 ml Sonnenblumenöl
1 EL geräuchertes Paprikapulver
½ EL Rauchsalz
1 Zweig frischer Rosmarin
1 TL getrockneter Oregano

Zubereitung

1 Den Backofen auf 180 °C Umluft vorheizen. Die Kartoffeln gründlich waschen und nicht schälen. Halbieren, mit der Schnittkante auf ein Schneidebrett legen und hochkant in feine Scheiben schneiden, ohne sie auseinanderfallen zu lassen. In dieser Form nebeneinander auf ein Backblech legen.

2 Für die Marinade Öl mit Kräutern und Gewürzen verrühren. Mit einem Backpinsel auf die Kartoffeln streichen. Die Kartoffeln im Ofen ca. 30 Minuten backen, bis sie innen weich und außen knusprig sind.

TIPP

Die Fächerkartoffeln schmecken gut mit Mandelmusdressing und Mandelchrunch. Dazu passt ein frischer Salat oder Bratlinge.

Kichererbsen-Spinat

Zubereitungszeit: 30 Minuten

Dieses Rezept enthält:

724 kcal (3.001 kJ)	15 g Eiweiß
43 g Kohlenhydrate	48 g Fett

Eine Portion enthält:

362 kcal (1.500 kJ)	8 g Eiweiß
21 g Kohlenhydrate	24 g Fett

Zutaten für 2 kleine Portionen

750 g frischer Spinat
3 EL Olivenöl, extra vergine
100 ml Wasser
½ TL Kreuzkümmelpulver
Salz, Pfeffer
1 TL süßes Paprikapulver
200 g Kichererbsen, gegart
4 Knoblauchzehen
3 EL Zitronensaft

Zubereitung

1 Blattspinat waschen, abtropfen lassen und die dicken Stiele entfernen. Den Spinat grob hacken. In einer Pfanne Öl erhitzen, Spinat mit Wasser hineingeben und unter gelegentlichem Rühren zusammenfallen lassen. Mit Kreuzkümmelpulver, Salz, Pfeffer und Paprikapulver würzen.

2 Die Hitze reduzieren, die gekochten Kichererbsen hinzufügen und weiter köcheln lassen.

3 Knoblauch abziehen, durch eine Presse drücken und zum Spinat geben. Mit Zitronensaft würzen und sofort servieren.

TIPP

Der Kichererbsen-Spinat ist ein klassisches spanisches Tapas-Gericht. Diese Appetithappen werden als Vorspeise serviert, zusammen mit anderen Kleinigkeiten wird daraus ein Hauptgericht.

Knusprige Bratkartoffeln

Zubereitungszeit: 30 Minuten

Dieses Rezept enthält:

659 kcal (2.769 kJ)	12 g Eiweiß
99 g Kohlenhydrate	21 g Fett

Eine Portion enthält:

330 kcal (1.384 kJ)	6 g Eiweiß
50 g Kohlenhydrate	10 g Fett

Zutaten für 2 Portionen als Beilage

3 Frühlingszwiebeln
2 Knoblauchzehen
500 g Pellkartoffeln vom Vortag
2 EL Sonnenblumenöl
Salz, Pfeffer
Chiliflocken (optional)

Zubereitung

1 Frühlingszwiebeln putzen und in feine Ringe schneiden. Knoblauch abziehen und in dünne Scheiben schneiden. Kartoffeln in mundgerechte Stücke schneiden. Sonnenblumenöl in einer Pfanne heiß werden lassen. Die Kartoffeln darin von allen Seiten knusprig braun braten.

2 Frühlingszwiebeln und Knoblauch dazugeben und 2–3 Minuten mitbraten. Beides nur kurz mitbraten, damit es nicht verbrennt. Abschließend salzen und pfeffern. Wer möchte, kann noch Chiliflocken für den Schärfekick darüberstreuen.

Süßkartoffelecken

Zubereitungszeit: 15 Minuten
Backzeit: 30 Minuten

Dieses Rezept enthält:

1.197 kcal (5.030 kJ)	17 g Eiweiß
193 g Kohlenhydrate	33 g Fett

Eine Portion enthält:

299 kcal (1.257 kJ)	4 g Eiweiß
48 g Kohlenhydrate	8 g Fett

Zutaten für 4 Portionen als Beilage

3 EL Olivenöl, extra vergine
Salz
1 TL getrockneter Thymian
1 TL getrockneter Oregano
3 Knoblauchzehen
1 große Süßkartoffel (ca. 700 g)
4 rote Zwiebeln

Zubereitung

1 Den Backofen auf 180 °C Umluft vorheizen. In einer Schüssel Olivenöl, Salz und Kräuter mischen. Die Knoblauchzehen abziehen, durch die Presse drücken und dazugeben. Alles gut miteinander vermischen.

2 Die Süßkartoffel schälen, halbieren, in 1 cm dicke Scheiben und dann in unregelmäßige Ecken schneiden. Zwiebeln abziehen und halbieren. Süßkartoffeln und Zwiebeln auf ein mit Backpapier ausgelegtes Blech legen und von allen Seiten mit der Marinade bestreichen. Ca. 30 Minuten backen, bis die Süßkartoffeln und die Zwiebeln goldbraun und knusprig sind.

TIPP

Die Süßkartoffeln passen als Topping zu Salaten, mit einem leckeren Dipp wie Baba Ganoush (Seite 60) oder einem würzigen Pesto sind sie eine Hauptspeise.

Frittierte Zwiebelringe

Zubereitungszeit: 30 Minuten

Dieses Rezept enthält:

1.552 kcal (6.450 kJ)	34 g Eiweiß
99 g Kohlenhydrate	109 g Fett

Eine Portion enthält:

388 kcal (1.612 kJ)	9 g Eiweiß
25 g Kohlenhydrate	27 g Fett

Zutaten für 4 Portionen als Vorspeise

- 150 g Kichererbsenmehl
- 120 ml Wasser
- 1 Prise Salz
- 3 Zwiebeln
- 1 l Sonnenblumenöl

Zubereitung

1 Wasser und Kichererbsenmehl mit einem Schneebesen zu einem zähflüssigen, klebrigen Teig verrühren. Sollte der Teig zu flüssig sein, noch ein wenig Mehl dazugeben, ist er zu fest, mit ein wenig Wasser verflüssigen. Die Konsistenz sollte so sein, dass der Teig zähflüssig vom Löffel abfließt. Teig salzen und ca. 10 Minuten beiseitestellen, damit er quellen kann.

2 In der Zwischenzeit die Zwiebeln abziehen und in nicht zu dünne Scheiben schneiden. Die Scheiben in einzelne Ringe teilen. In einem hohen Topf das Pflanzenöl auf 160 °C erhitzen. Das Fett hat die ideale Hitze, wenn von einem Holzstäbchen, welches in das Fett gehalten wird, kleine Blasen nach oben steigen. Die Zwiebelringe in den Kichererbsenteig geben und darin wenden. Darauf achten, dass alle Zwiebelringe gut ummantelt sind.

3 Die ummantelten Zwiebelringe in kleinen Portionen im heißen Fett goldbraun frittieren. Mit einer Schaumkelle herausheben und auf einem Küchenpapier abtropfen lassen. Leicht salzen und sofort servieren.

TIPP

Um die Zwiebelringe auszubacken, brauchen Sie etwas Geduld. Damit sie nicht zusammenkleben, sollten Sie nicht zu viele auf einmal in das Fett geben.

Speck-Tofu

Zubereitungszeit: 10 Minuten
Backzeit: 25 Minuten
Auskühlen: 10 Minuten

Dieses Rezept enthält:

731 kcal (3.028 kJ)	35 g Eiweiß
10 g Kohlenhydrate	60 g Fett

Eine Portion enthält:

121 kcal (505 kJ)	6 g Eiweiß
2 g Kohlenhydrate	10 g Fett

Zutaten für 6 Portionen

2 Stück schnittfester Bio-Tofu (à 200 g)

Für die Marinade

4 EL Sonnenblumenöl
1–2 TL geräuchertes Paprikapulver
2 TL Rauchsalz
1 Zweig frischer Rosmarin
1 TL Oregano (getrocknet)
1 TL Knoblauchzehe
1 TL Zwiebelpulver

Zubereitung

1 Den Backofen auf 180 °C Umluft vorheizen. Tofu in ca. 1 x 1 cm große Stücke schneiden. Alle Zutaten für die Marinade in eine Schüssel geben und gut verrühren. Tofu in die Marinade geben und gut miteinander vermischen, sodass jeder Würfel von der Marinade überzogen ist.

2 Die marinierten Tofuwürfel auf einem mit Backpapier ausgelegten Backblech verteilen, die Würfel sollten nicht aufeinanderliegen. Das Blech in den Ofen schieben und die Tofuwürfel ca. 25 Minuten backen, bis sie eine braune Farbe angenommen haben. Aus dem Ofen nehmen und auf dem Blech abkühlen lassen. Während der Abkühlzeit werden die Tofuwürfel fest.

TIPP

Die Tofuwürfel kann man so gut wie über alles streuen. Sie passen zu Salaten, Suppen aber auch zu herzhaften Gerichten wie zum Beispiel Palak (Seite 142).

Dukkah-Karotten mit Grüner Tahinsoße

Zubereitungszeit: 15 Minuten
Backzeit: 25 Minuten

Dieses Rezept enthält:

1.974 kcal (8.209 kJ)	50 g Eiweiß
139 g Kohlenhydrate	123 g Fett

Eine Portion enthält:

494 kcal (2.052 kJ)	12 g Eiweiß
35 g Kohlenhydrate	31 g Fett

Zutaten für 4 Portionen

- 15 mittlere Karotten mit Grün
- 2 EL Olivenöl, extra vergine
- 1 EL Ahornsirup
- 20 g Dukkah (Seite 46)
- 1 Prise Meersalz
- 50 g ungesalzene Pistazienkerne, gehackt
- 200 g Grüne Tahinsoße (Seite 110)

Zubereitung

1 Den Backofen auf 200 °C Umluft vorheizen. Karotten schälen und das Grün bis auf 2 cm einkürzen. Auf ein mit Backpapier ausgelegtes Backblech legen.

2 Olivenöl, Ahornsirup und Dukkah miteinander vermischen und die Karotten damit bestreichen. Mit einer großen Prise Meersalz würzen und ca. 25 Minuten im Ofen backen, bis die Karotten al dente sind. Auf einer Servierplatte anrichten, mit Grüner Tahinsoße beträufeln und mit gehackten Pistazien bestreuen.

Mandelcrunch

Zubereitungszeit: 15 Minuten

Dieses Rezept enthält:

935 kcal (3.859 kJ)	22 g Eiweiß
11 g Kohlenhydrate	86 g Fett

Eine Portion enthält:

234 kcal (965 kJ)	6 g Eiweiß
3 g Kohlenhydrate	22 g Fett

Zutaten für 4 Portionen

- 100 g Mandeln
- 1 rote Chili
- 1 rote Zwiebel
- 3 EL Sonnenblumenöl

Zubereitung

1 Mandeln grob hacken. Chili inklusive Samen und Scheidewänden in feine Ringe schneiden. Zwiebel abziehen und in feine Würfel schneiden.

2 Eine Pfanne erhitzen und die Mandeln ohne Fett anrösten, bis sie eine goldbraune Farbe annehmen. Chili, Zwiebel und Öl hinzufügen und 2–3 Minuten mitbraten. Sofort vom Herd nehmen, damit die Mandeln nicht verbrennen.

TIPP

Mandelcrunch sofort verwenden. Zum Beispiel über gekochten Brokkoli oder Fächerkartoffeln streuen oder als crunchiges Topping über Salate und Suppen wie zum Beispiel die Orientalische Schälerbsensuppe (Seite 114) oder Maiscremesuppe (Seite 115).

Mandelsnack

Zubereitungszeit: 10 Minuten
Backzeit: 15 Minuten

Dieses Rezept enthält:

1.528 kcal (6.311 kJ)	43 g Eiweiß
17 g Kohlenhydrate	138 g Fett

Eine Portion enthält:

382 kcal (1.577 kJ)	11 g Eiweiß
4 g Kohlenhydrate	35 g Fett

Zutaten für 4 Portionen

200 g ungeschälte Mandeln
2 EL Sonnenblumenöl
1 TL Rauchsalz
1 TL geräuchertes Paprikapulver
1 TL Currypulver
1 Prise Salz

Zubereitung

1 Den Backofen auf 180 °C Umluft vorheizen. Mandeln in eine kleine Schüssel geben, mit dem Öl übergießen und gut durchmischen, damit alle Mandeln mit Öl bedeckt sind. Auf einem mit Backpapier ausgelegten Backblech verteilen und 15–20 im Ofen backen, bis die Mandeln eine leichte Farbe annehmen.

2 In der Zwischenzeit in einer kleinen Schüssel Rauchsalz, geräuchertes Paprikapulver, Currypulver und eine Prise Salz mischen. Mandeln aus dem Ofen nehmen und sofort in der Gewürzmischung wenden, bis sie komplett überzogen sind. Durch das Öl haften die Gewürze an den Mandeln. Mit Salz abschmecken. Vor dem Verzehr abkühlen lassen.

TIPP

Bei Currypulver können Sie kreativ werden. Wählen Sie nach Geschmack entweder ein indisches Madras Currypulver, eritreisches Berbere oder vielleicht ein marokkanisches Ras el Hanout aus.

SÜSSES

Haselnusskugeln

Zubereitungszeit: 20 Minuten
Kühlzeit: 2 Stunden

Dieses Rezept enthält:

1.640 kcal (6.813 kJ)	33 g Eiweiß
101 g Kohlenhydrate	119 g Fett

Eine Kugel enthält:

55 kcal (226 kJ)	1 g Eiweiß
3 g Kohlenhydrate	4 g Fett

Zutaten für 30 Kugeln

200 g Haselnüsse
70–100 g Honig (für Veganer: Ahornsirup)
1 EL Kakaopulver in Rohkostqualität
gehackte, geröstete Haselnüsse

Zubereitung

1 Den Backofen auf 170 °C Umluft vorheizen. Haselnüsse auf ein Blech legen und für ca. 8 Minuten im Ofen rösten, bis die Nüsse leicht braun werden und zu duften beginnen. Auskühlen lassen und in einer Küchenmaschine zu Mehl mahlen.

2 Honig bzw. Ahornsirup und Kakaopulver mit dem Haselnussmehl in eine Schüssel geben und gut durchmischen. Lieber erst einmal weniger „Kleber" wie Honig oder Ahornsirup nehmen. Sollte der Teig nicht zusammenhalten, mehr Kleber dazugeben.

3 Die Masse zu Kugeln formen und in gehackten, gerösteten Haselnüssen wälzen. Fest andrücken. Zwei Stunden im Kühlschrank kühlen, damit die Kugeln ein wenig fester werden.

Schoko-Haselnuss-Aufstrich

Zubereitungszeit: 15 Minuten
Einweichzeit: über Nacht

Dieses Rezept enthält:

1.773 kcal (7.329 kJ)	22 g Eiweiß
57 g Kohlenhydrate	160 g Fett

100 g enthalten:

380 kcal (1.571 kJ)	5 g Eiweiß
12 g Kohlenhydrate	34 g Fett

Zutaten für 460 g

- 125 g Haselnüsse
- 200 ml Wasser
- 50 g Kokosblütenzucker
- 1 Prise Salz
- Mark von ½ Vanilleschote
- 85 g Sonnenblumenöl
- 3 geh. EL Kakaopulver in Rohkostqualität

Zubereitung

1 Am Vortag 75 g Haselnüsse in reichlich Wasser einweichen.

2 Am Tag darauf in einem Topf 200 ml Wasser erhitzen und den Kokosblütenzucker darin auflösen.

3 Die restlichen Haselnüsse (50 g) in einer kleinen Pfanne ohne Fett rösten, bis sie herrlich duften und eine dunkelbraune Farbe annehmen. In einem Standmixer sehr fein mahlen. Die eingeweichten Haselnüsse abgießen, dazugeben und alles zu einem Haselnussmus mixen.

4 Die Vanilleschote längs aufschneiden, das Mark herauskratzen und zusammen mit Salz, Kokosblütenzuckerwasser und Öl zu den Nüssen geben. Alles weiter zu einer geschmeidigen Paste mixen. Die Paste in den Topf geben und unter Rühren aufkochen. Nun das Kakaopulver dazugeben und gut unterrühren, bis es sich gelöst hat.

5 Die Schokocreme in Schraubgläser füllen und erkalten lassen. Sie hält sich einige Tage im Kühlschrank.

TIPP

Sollte die Nussmasse am Mixtopfrand hängen bleiben, den Mixer ausschalten, mit einem Gummispatel die Masse in Richtung Messer schieben und weiter mixen.

Vanillepudding/ Vanillesoße

Zubereitungszeit: 10 Minuten

Dieses Rezept enthält:

1.016 kcal (4.245 kJ)	19 g Eiweiß
111 g Kohlenhydrate	52 g Fett

Eine Portion enthält:

254 kcal (1.061 kJ)	5 g Eiweiß
28 g Kohlenhydrate	13 g Fett

Zutaten für 4 Portionen

100 g Cashewkerne
Mark von 2 Vanilleschoten
80–100 g Datteln, entsteint
250–300 ml Mandelmilch (Seite 42)

TIPP

Die Soße bzw. den Pudding können Sie mit der Schokoladen-Variante (Seite 194) kombinieren und alles mit frischen Früchten und Beeren toppen.

Zubereitung

1 **Am Vortag** die Cashewkerne in reichlich kaltem Wasser einweichen.

2 **Am Tag darauf** die Cashewkerne abgießen und gründlich abspülen.

3 Die Vanilleschoten der Länge nach aufschlitzen und das Vanillemark herauskratzen. Vanillemark, Datteln und Cashews in den Hochleistungsmixer füllen und erst einmal mit der Hälfte der Mandelmilch zugeben. Den Mixer auf niedrigste Stufe schalten und die Zutaten grob zerkleinern. Nun langsam die Drehzahlen erhöhen und immer, wenn die Masse anfängt zu stocken und droht festzuhängen, ein wenig Mandelmilch nachfüllen. Bei 250 ml bekommt die Masse eine puddingartige Konsistenz, bei 300 ml wird es eine Vanillesoße.

4 Den Pudding oder die Soße auf höchster Stufe so lange mixen, bis sich die Masse auf der Zunge nicht mehr „krisselig", sondern samtig-glatt anfühlt. Durch die hohen Drehzahlen des Mixers ist sie warm. Der Pudding bzw. die Soße kann sofort verwendet oder zum Abkühlen in den Kühlschrank gestellt werden.

Schokoladenpudding/ Schokoladensoße

Zubereitungszeit: 10 Minuten

Dieses Rezept enthält:

1.064 kcal (4.455 kJ)	18 g Eiweiß
132 g Kohlenhydrate	48 g Fett

Eine Portion enthält:

266 kcal (1.114 kJ)	4 g Eiweiß
33 g Kohlenhydrate	12 g Fett

Zutaten für 4 Portionen

100 g Cashewkerne
120 g Datteln, entsteint
1 EL Kakaopulver in Rohkostqualität
250–300 ml Mandelmilch (Seite 42)

Zubereitung

1 **Am Vortag** die Cashewkerne in reichlich kaltem Wasser einweichen.

2 **Am Tag darauf** die Cashewkerne abgießen und gründlich abspülen. Cashews, Datteln und Kakaopulver in den Hochleistungsmixer geben. Erst einmal die Hälfte der Mandelmilch einfüllen, den Mixer auf niedrigste Stufe schalten und die Zutaten grob zerkleinern. Nun langsam die Drehzahlen erhöhen und immer, wenn die Masse anfängt zu stocken und droht festzuhängen, ein wenig Mandelmilch nachfüllen. Bei 250 ml bekommt die Masse eine puddingartige Konsistenz, bei 300 ml wird es eine Schokosoße.

3 Den Pudding oder die Soße auf höchster Stufe so lange mixen, bis sich die Masse auf der Zunge nicht mehr krisselig, sondern samtig-glatt anfühlt. Durch die hohen Drehzahlen des Mixers ist sie warm. Der Pudding bzw. die Soße kann sofort verwendet oder zum Abkühlen in den Kühlschrank gestellt werden.

Chia-Bites

Zubereitungszeit: 15 Minuten

Dieses Rezept enthält:

839 kcal (3.488 kJ)	18 g Eiweiß
64 g Kohlenhydrate	52 g Fett

Eine Kugel enthält:

42 kcal (173 kJ)	1 g Eiweiß
3 g Kohlenhydrate	3 g Fett

Zutaten für 20 Kugeln

60 g Haselnüsse
50 g Datteln, entsteint
50 g Rosinen
1 TL Chiasamen
1 TL Mandelmus
1 TL Kakaopulver in Rohkostqualität
2 EL frischer Orangensaft
Zum Wälzen
Kokosflocken oder Chiasamen

Zubereitung

Alle Zutaten bis auf die zum Wälzen in einen Standmixer geben und zu einer geschmeidigen Masse mixen. Mit feuchten Händen zu Kugeln rollen und in Kokosflocken oder Chiasamen wälzen.

Ingwer-Powerballs

Zubereitungszeit: 15 Minuten
Kühlzeit: 1 Stunde

Dieses Rezept enthält:

1.427 kcal (5.947 kJ)	30 g Eiweiß
125 g Kohlenhydrate	84 g Fett

Eine Kugel enthält:

42 kcal (176 kJ)	1 g Eiweiß
4 g Kohlenhydrate	Fett 3 g Fett

Zutaten für 33 Kugeln

150 g Datteln, entsteint
50 g Mandeln
50 g Walnüsse
50 g Cashewkerne
2–3 EL frisch gepresster Orangensaft
1–2 TL frisch geriebener Ingwer
½ TL Zimt
Mark von ½ Vanilleschote

Zum Wälzen

Sesamsamen
gemahlene Haselnüsse
Kakaopulver in Rohkostqualität

Zubereitung

1 Alle Zutaten bis auf die zum Wälzen in einen Standmixer geben und zu einem Teig mixen. Er muss nicht ganz glatt sein. Ein paar Stücke darin haben durchaus Charme. Sollte die Mischung zu fest sein, noch ein wenig mehr Orangensaft dazugeben.

2 Den Teig eine Stunde in den Kühlschrank stellen, damit er sich entspannt und wieder etwas fester wird. Danach kleine Kugeln rollen und diese in Sesamsamen, gemahlenen Haselnüssen oder Kakaopulver wälzen.

TIPP

Wenn Sie Pralinenförmchen besitzen, können Sie auch diese zum Formen verwenden.

GETRÄNKE

Goldene Milch

Zubereitungszeit: 15 Minuten

Dieses Rezept enthält:

150 kcal (626 kJ)	3 g Eiweiß
19 g Kohlenhydrate	6 g Fett

Eine Portion enthält:

75 kcal (313 kJ)	1 g Eiweiß
10 g Kohlenhydrate	3 g Fett

Zutaten für 2 Portionen à ca. 260 ml

1 Stück Bio-Ingwer (2 cm)
Mark von ½ Vanilleschote
500 ml Mandelmilch (Seite 42)
1 EL Ahornsirup
1 ½ TL Kurkumapulver
1 TL Zimt
1 große Prise frisch gemahlener Pfeffer

Zubereitung

Den Ingwer fein reiben. Die Vanilleschote halbieren und das Mark herauskratzen. Die Pflanzenmilch in einen Topf füllen. Ahornsirup, Kurkumapulver, Zimt, Vanillemark, Ingwer und Pfeffer dazugeben. Die Mischung langsam erhitzen, aber nicht kochen! Ab und zu umrühren. Herdplatte ausschalten und noch ca. 5 Minuten auf der Herdplatte ziehen lassen. Die Goldene Milch durch ein feines Haarsieb in zwei Becher füllen und sofort genießen.

TIPP

Die Goldene Milch hat ihren Namen von der goldgelben Farbe, die ihr das Kurkuma verleiht. Im Ayurveda gilt sie seit Jahrhunderten als heilendes, anregendes und reinigendes Getränk und sie ist auch prima für die basische Ernährung geeignet.

English Chai Coffee

Zubereitungszeit: 20 Minuten

Dieses Rezept enthält:

308 kcal (1.293 kJ)	11 g Eiweiß
44 g Kohlenhydrate	10 g Fett

Eine Portion enthält:

77 kcal (323 kJ)	3 g Eiweiß
11 g Kohlenhydrate	2 g Fett

Zutaten für 4 Portionen à 270 ml

10 Kardamomkapseln
6 Nelken
500 ml Wasser
50 g Lupinenkaffee-Pulver
2 EL Ahornsirup
1 EL Zimtpulver
500 ml Sojamilch

Zubereitung

1 In einem Topf die Kardamomkapseln und Nelken trocken anrösten. Wenn die Gewürze anfangen intensiv zu duften, das Wasser hinzufügen und zum Kochen bringen. Hitze verringern und 5 Minuten sanft kochen, bis das Wasser eine „goldene" Farbe angenommen hat.

2 Lupinenkaffee-Pulver, Ahornsirup, Zimtpulver und Sojamilch hinzufügen, zum Kochen bringen und sofort den Herd ausschalten. Den Topf von der Herdplatte ziehen und beiseitestellen.

3 Eine Kanne mit heißem Wasser ausspülen, den English Chai Coffee durch ein feines Haarsieb in die Kanne füllen und servieren.

Leas Creamy Iced Matcha Latte

Zubereitungszeit: 10 Minuten

Dieses Rezept enthält:

61 kcal (255 kJ)	2 g Eiweiß
11 g Kohlenhydrate	1 g Fett

100 g enthalten:

17 kcal (71 kJ)	0 g Eiweiß
3 g Kohlenhydrate	0 g Fett

Zutaten für 1 Glas (500 ml)

- 1 ½ TL Bio-Matcha-Pulver
- 300 ml Wasser, kalt
- Ahornsirup (optional)
- 4–5 Eiswürfel
- 50 ml Hafermilch, kalt
- ½ TL Zimtpulver und mehr zum Bestäuben

Zubereitung

1 Das Matcha-Pulver und ½ TL Zimtpulver in ein Glas geben und mit 100 ml kaltem Wasser schaumig schlagen. Dazu kann der traditionelle Bambusbesen benutzt werden oder ein elektrischer Quirl. Wichtig ist, dass sich keine Klümpchen bilden. Wenn sich das Pulver gelöst hat, die restlichen 200 ml Wasser hinzufügen. Alles gut verrühren. Wer es gerne etwas süßer haben möchte, kann etwas Ahornsirup hinzufügen. Eiswürfel in den Matcha-Tee geben.

2 Die kalte Hafermilch mit dem elektrischen Quirl schaumig schlagen. Den Haferschaum auf den Matcha-Tee gießen und mit Zimtpulver bestreuen. Sofort genießen.

Selleriesaft

Zubereitungszeit: 5 Minuten

Dieses Rezept enthält:

144 kcal (602 kJ)	8 g Eiweiß
15 g Kohlenhydrate	1 g Fett

100 g enthalten:

21 kcal (86 kJ)	1 g Eiweiß
2 g Kohlenhydrate	0 g Fett

Zutaten für ca. 500 ml

700 g Staudensellerie

Zubereitung

Einzelne Selleriestangen gut waschen. Sellerie schälen und in grobe Stücke schneiden. Mit einem Slow Juicer Saft zubereiten und sofort frisch trinken. Wer keinen Slow Juicer hat, kann das Gemüse auch in einen Mixer geben und das Püree danach durch einen Nussmilchbeutel, Nylonstrumpf oder ein sauberes Küchentuch filtern.

TIPP

Selleriesaft ist hoch basisch! Er sollte direkt nach dem Pressen getrunken werden, da der Sauerstoff in der Luft den Saft oxidieren lässt und so wertvolle Vitamine und Mineralstoffe verloren gehen. Empfehlung: täglich 500 ml trinken (die tägliche Trinkmenge langsam bis auf 500 ml erhöhen).

Germains Erkältungs-Smoothie

Zubereitungszeit: 15 Minuten

Dieses Rezept enthält:

218 kcal (921 kJ)	3 g Eiweiß
44 g Kohlenhydrate	1 g Fett

Eine Portion enthält:

109 kcal (460 kJ)	2 g Eiweiß
22 g Kohlenhydrate	1 g Fett

Zutaten für 2 Portionen

- 2 große, reife Birnen
- 60 g Feldsalat
- 2–3 große Blätter frischer Salbei
- 100 ml Orangensaft, frisch gepresst
- 50 ml Wasser
- Saft von ½ Zitrone

Zubereitung

Birnen waschen, vierteln und das Kerngehäuse entfernen. Feldsalat waschen. Alle Zutaten in den Standmixer geben und zu einem glatten Smoothie mixen.

Ginger Shot

Zubereitungszeit: 10 Minuten

Dieses Rezept enthält:

222 kcal (938 kJ)	5 g Eiweiß
42 g Kohlenhydrate	2 g Fett

100 g enthalten:

52 kcal (219 kJ)	1 g Eiweiß
10 g Kohlenhydrate	1 g Fett

Zutaten für 400 ml

- 1 ½ Zitronen
- 2 Orangen
- 50 g Bio-Ingwer
- ½ EL Honig (optional; für Veganer: Ahornsirup)
- 1 TL Kurkumapulver
- ½ TL Zimtpulver
- 1 Prise Pfeffer

Zubereitung

1 Zitronen und Orangen schälen und zusammen mit dem Ingwer nacheinander im Slow Juicer zu Saft verarbeiten.

2 Honig bzw. Ahornsirup, Kurkumapulver, Zimtpulver und Pfeffer einrühren, mit einem Schneebesen oder elektrischen Handrührgerät gut vermischen. Den Saft in eine saubere Glasflasche füllen. Täglich ein kleines Glas (40 ml) trinken. Unbedingt im Kühlschrank aufbewahren.

3 Wer keinen Slow Juicer hat, kann den Ingwer auch in einen Mixer geben und das Püree danach durch einen Nussmilchbeutel, Nylonstrumpf oder ein sauberes Küchentuch filtern. Die Zitrusfrüchte können manuell ausgepresst werden.

TIPP

Dieser Saft ist im Winter der perfekte Booster für das Immunsystem. Er enthält viel Vitamin C und wirkt unter anderem entzündungshemmend.

ANHANG

Weiterführende Links

Basische, basenüberschüssige und vegane Rezepte
https://energyhealth.de/

Informationen zum Thema „Schmerzfrei durch Ernährung"
https://schmerzfrei-durch-ernaehrung.de/Blog/

Informationen über basische Ernährung
Elvira Bierbach: Naturheilpraxis heute: Lehrbuch und Atlas, Urban & Fischer

Zentrum der Gesundheit, https://www.zentrum-der-gesundheit.de/saure-und-basische-lebensmittel.html

Rezeptumrechnungsrechner
https://www.rezeptrechner-online.de/index.html

Aluminiumdosen
https://www.verbraucherzentrale.de/wissen/lebensmittel/lebensmittelproduktion/metalle-7052

Hülsenfrüchte
https://www.huelsenreich.de

Keimlinge
https://www.bzfe.de/lebensmittel/vom-acker-bis-zum-teller/huelsenfruechte/huelsenfruechte-keimlinge/

Vitamin B12
https://www.petazwei.de/alles-ueber-vitamin-b12

Herzlichen Dank

Ich danke meinem Mann Stefan Arlt und meiner Tochter Lea Janine Ihrig. Ihr haltet mir den Rücken frei, unterstützt mich, wenn ich Stress habe, und esst einfach alles, was ich koche. Lea, danke, dass du meine Instagram-Accounts so genial führst, und Stefan, dass du dich um alle technischen und auch die Excel-Details kümmerst. Ohne euch zwei wäre ich manchmal aufgeschmissen.

Ich danke meinem lieben Freund Hans-Jürgen Lahann, der den tollen Bratling-Baukasten entwickelt hat, den ich hier mit aufnehmen durfte.

Danke, Britta Umlauft, Hans-Jürgen Lahann, Ulrike Scherg, Germain Hafner und meine liebe Tochter Lea, dass ich eure Rezepte kennenlernen und nach leichten Abwandlungen hier mit aufnehmen durfte. Sie gehören zu meinen absoluten Lieblingsgerichten. Und immer, wenn ich sie esse, denke ich an euch!

Danke, liebe Rezepttester Susanne Auweiler, Ulrike Scherg, Regina Leiß, Christa Ritz, Ute Langer, Conny Hess, Brigitta Hebel, Maie Hunger, Gaby Fischer, Ulrike Wege, Anja Schleinschok, Helen Novak, Vanessa Pilakowski, Maria Hegmann, Christin Köhne, Frank Köhne, Alexander Hof, Silke Buchschatz, Astrid Fleischanderl, Jana Pfeifer, Grit Eich und Sylvia Oppermann, dass ihr euch wacker durch alle Gerichte gefuttert und mir Feedback gegeben habt. Ich habe wahnsinnig gute Ideen von euch mitbekommen, die ich fast alle umgesetzt habe.

Ohne meine fleißigen Kursteilnehmer Conny Hess, Ute Langer, Alexander Hof und Karin Holzapfel wäre meine Kochlehrerinnen-Karriere wahrscheinlich schon längst vorbei. Warum? Ihr habt fast keinen meiner Kurse ausgelassen. Manchmal sogar Kurse einfach doppelt gemacht – weil's so schön und lustig war. Ihr seid der Motor, der mich antreibt, immer neue Rezepte zu suchen oder zu erfinden.

Danke, liebe Tina Heidorn, dass ich all meine Rezepte mit deinem Rezeptrechner berechnen durfte. Lieber Dr. Thomas Müller, einen ganz lieben Dank fürs Gegenrechnen.

Danke, Katja-Maria Koschate vom humboldt Verlag, dass Sie auch dieses Buch mit mir umsetzen wollten. Ich halte nun zwei wunderschöne Bücher in der Hand und bin unglaublich stolz darauf! Wie immer haben Sie mir mit kompetentem Rat jederzeit zur Seite gestanden. Meiner Lektorin Annette Gillich-Beltz danke ich für das kompetente Lektorat.

Und schließlich herzlichen Dank an alle, die mich auf meinem Weg unterstützt und die immer an mich geglaubt haben.

Rezeptregister

BASISREZEPTE

FRÜHSTÜCKE

DRESSINGS UND DIPS

SALATE

PESTOS UND SOSSEN

SUPPEN

BRATLINGE

HAUPTGERICHTE

VORSPEISEN, BEILAGEN UND SNACKS

SÜSSES

GETRÄNKE

Mit Ayurveda zu dauerhafter Gesundheit und Vitalität!

- Ayurveda gezielt bei gesundheitlichen Beschwerden nutzen, um Dysbalancen wie Stress, Schmerzen oder Schlafstörungen zu begegnen
- Das jahrtausendealte Wissen im modernen Alltag anwenden
- Die Autorin ist ausgewiesene Ayurveda-Expertin und hat bereits unzählige Menschen auf ihrem Weg zu mehr Gesundheit begleitet

Stand 2021. Änderungen vorbehalten.

Katrin Blüge

Ayurveda – gesund leben, natürlich heilen

160 Seiten, Softcover
15,5 x 21,0 cm
ISBN 978-3-8426-3058-1
€ 19,99 (D) / € 20,60 (A)

Der Ratgeber ist auch als eBook erhältlich.

humboldt

...bringt es auf den Punkt.

Bibliografische Information der Deutschen Nationalbibliothek
Die Deutsche Nationalbibliothek verzeichnet diese Publikation in der deutschen Nationalbibliografie; detaillierte bibliografische Daten sind im Internet über http://dnb.ddb.de/ abrufbar.

ISBN 978-3-8426-3052-9 (Print)
ISBN 978-3-8426-3053-6 (PDF)
ISBN 978-3-8426-3054-3 (EPUB)

Abbildungen:
Titelmotiv: Stefanie Arlt
Alle Fotos: Stefanie Arlt, außer: S. 19: Barbara Pheby - stock.adobe.com

Quellen zu den Ausführungen über den Säure-Basen-Haushalt:
https://de.wikipedia.org/wiki/PH-Wert
https://www.zentrum-der-gesundheit.de/bibliothek/koerper/koerperfunktionen/ph-wert
https://www.onmeda.de/laborwerte/ph-wert.html

Originalausgabe

Die Ratgebermarke der Schlütersche Fachmedien GmbH
Hans-Böckler-Allee 7, 30173 Hannover
www.humboldt.de
www.schluetersche.de

Aus Gründen der besseren Lesbarkeit wurde in diesem Buch die männliche Form gewählt, nichtsdestoweniger beziehen sich Personenbezeichnungen gleichermaßen auf Angehörige des männlichen und weiblichen Geschlechts sowie auf Menschen, die sich keinem Geschlecht zugehörig fühlen.
Autorin und Verlag haben dieses Buch sorgfältig erstellt und geprüft. Für eventuelle Fehler kann dennoch keine Gewähr übernommen werden. Weder Autorin noch Verlag können für eventuelle Nachteile oder Schäden, die aus in diesem Buch vorgestellten Erfahrungen, Meinungen, Studien, Methoden und praktischen Hinweisen resultieren, eine Haftung übernehmen. Insgesamt bieten alle vorgestellten Inhalte und Anregungen keinen Ersatz für eine medizinische Beratung, Betreuung und Behandlung.
Etwaige geschützte Warennamen (Warenzeichen) werden nicht besonders kenntlich gemacht. Daraus kann nicht geschlossen werden, dass es sich um freie Warennamen handelt.

Lektorat: Annette Gillich-Beltz, Essen
Layout: Groothuis, Lohfert, Consorten, Hamburg
Covergestaltung: Die Feder, Konzeption vor dem Druck GmbH, Wetzlar
Satz: Die Feder, Konzeption vor dem Druck GmbH, Wetzlar
Druck und Bindung: Gutenberg Beuys Feindruckerei GmbH, Langenhagen